少林秘传绝技丛书

# 少林擒跌绝技

邓方华　编著

人民体育出版社

图书在版编目(CIP)数据

少林擒跌绝技 / 邓方华编著. -北京：人民体育出版社，2019
(少林秘传绝技丛书)
ISBN 978-7-5009-5485-9

Ⅰ. ①少… Ⅱ. ①邓… Ⅲ. ①少林武术-擒拿方法(体育) -基本知识 Ⅳ. ①G852.15

中国版本图书馆 CIP 数据核字（2018）第 265892 号

*

人民体育出版社出版发行
中国铁道出版社印刷厂印刷
新 华 书 店 经 销

*

880×1230 32 开本 7.25 印张 166 千字
2019 年 3 月第 1 版 2019 年 3 月第 1 次印刷
印数：1—4,000 册

*

ISBN 978-7-5009-5485-9
定价：28.00 元

社址：北京市东城区体育馆路 8 号（天坛公园东门）
电话：67151482（发行部） 邮编：100061
传真：67151483 邮购：67118491
网址：www.sportspublish.cn
（购买本社图书，如遇有缺损页可与邮购部联系）

## 丛书插图制作

（排名不分先后）

| | | |
|---|---|---|
| 邓方华 | 高　翔 | 凌　召 |
| 潘祝超 | 谢静超 | 赵爱民 |
| 黄守献 | 王松峰 | 李贡群 |
| 高　绅 | 黄冠杰 | 黄婷婷 |

# 总 序

2017年1月25日，中共中央办公厅、国务院办公厅印发了《关于实施中华优秀传统文化传承发展工程的意见》（以下简称《意见》），并发出通知，要求各地区各部门结合实际认真贯彻落实，体现了党和政府对中华优秀传统文化的重视。

在国民教育方面，《意见》提出：加强中华优秀传统文化相关学科建设，重视保护和发展具有重要文化价值和传承意义的“绝学”、冷门学科。在保护传承文化遗产方面，《意见》提出：推动民族传统体育项目的整理研究和保护传承。

中华武术有着几千年发展的历史，是中华民族在社会实践中创造的宝贵财富，是中华文化的重要组成部分。少林武术作为中华传统武术的优秀代表，其秘传绝技与武学秘籍一直是武术爱好者竞相学习和研究的对象。目前在国家的重视下，少林武术发展形势良好，但也存在可供学习的少林武术书籍相对较少的问题，因此，需要对少林武术的相关技艺进行整理出版，使中华武术进一步发扬光大。

《少林秘传绝技丛书》应运而生。本系列丛书依据“健康第一”的教育理念和“便于传承与发展”的要求，邀请有关专家参与编写，披露了少林武术的多种秘法绝艺。先期出版的有《少林点穴绝技》《少林擒拿绝技》《少林擒跌绝技》《少林短打绝技》《少林腿法绝技》《少林古传擒拿与点穴》《少林古传技击术》《少林八段锦古传秘功》《少林易筋经古传秘功》9本，后续还会出版相关系列图书。这套丛书既可作为武术爱好者学习研究的参考用书，也可作为各级各类武术教员的教学用书。

本系列丛书注重图文并茂，避免抽象化和纯理论化，意在提高现代武术爱好者的学习兴趣；立足于理论联系实际，突出学以致用要则；力求简洁明晰，便于阅读，便于练习。当然，不足之处在所难免，欢迎读者批评指正，以利今后进一步充实与完善。

# 内容提要

1. 少林沾衣十八跌，乃少林秘传绝技，自成一家，独树一帜。此技招法复合，机敏善变；避锋藏锐，闪转走化；牵逼锁靠，乘势借力；脱化移形，引进落空；靠身擒制，沾衣摔跌。轻则使敌失衡歪斜，趴躺倒地；重则致其身创体伤，瘫卧难起。

2. 少林虎形沾衣十八跌，模仿猛虎猎捕之形，招法威猛难挡，其爪法抓拧盘转、肘法砸压截拦、腿法钩挑绞绊，令敌失衡跌趴，伤倒不起。《少林内功五拳谱》载：“虎拳练骨，练时须运足全身之气，使腰背坚实，臂腿牢固，膂力充沛，起落有序，怒目强项，两手虎爪之状，有如猛虎出山之势。”

3. 通臂沾衣十八跌，乃少林硬门通臂拳实战秘技。硬门通臂，“长手冷腿，神机莫测”。据传，北宋初年，福居大师曾邀集全国十八家武术名手于少林寺共研绝技，“太祖长拳起首，韩通通臂为母……”其中就有通臂拳。从此，通臂拳成为少林一大拳种，而且占有很重要之地位。

4. 劈挂沾衣十八跌，以长制短，长中带短，可致敌躺倒而失去抵抗力，也可乘机追击而致敌重创。有歌赞曰：“少林劈挂拳，嵩山有真传。学会劈挂拳，出寺成英贤。”现代，北派（南传）劈挂拳一大分支之“大圣劈挂门”，即有不少弟子成长为香港电影功夫名星，如陈观泰、黄秋生等。

5. 燕青沾衣十八跌，“扑敌使之跌”，其歌诀曰：“燕青跌法玄又玄，不躺即趴翻又翻。手下无腿摔不倒，腿上无手一跑完。打后有跌轻扑重，跌后有打致伤残。擒中有跌最基本，跌中有擒势法全。”福居大师所录十八家绝技即有“燕青之沾拿跌法”，燕青拳自宋代创始以来即高手辈出。

6. 武松沾衣十八跌，技击混成秘传之法，熔擒拿、抓击、摔跌于一炉，既可致敌跌趴，又可折敌筋骨，重可致敌伤瘫。武松拳，也叫“二郎拳”，乃少林古传名门，其拳歌曰：“打虎英雄武二郎，除暴安良美名扬。怒杀西门双拳硬，醉打蒋门武艺强。鸳鸯楼上锄北奸，六和寺前擒南王。功成身退行者居，江湖梁山犹进香。”

7. 六通沾衣十八跌，乃少林六通短打门绝技。六通短打，以静制动，后发先至；近身靠打，寸劲暗腿；分筋错骨，跌扑发放。“（短打）而勾心斗角，别具虎蹲猿跃之标格，以之锻炼身腰，灵活手脚，是为最佳。况乎本拳法（六通），起承转合，首尾相衔，深沉不露，变化无穷，尤短打中之坚劲者也”。

8. 韦陀沾衣十八跌，乃少林韦陀门秘技。韦陀门历史悠久，影响深远，位列少林古传四大名门（达摩、韦陀、金刚、罗汉）之一。此派不但讲究功夫，其“韦陀十二劲”一直被誉为“内功真经”，勇冠武林，而且注重技击，其招法严谨，力猛招狠，擒跌踢打，一招制敌。

# 目 录

# 第一章

# 虎形沾衣十八跌

《少林内功五拳谱》载："虎拳练骨，练时须运足全身之气，使腰背坚实，臂腿牢固，腕力充沛，起落有序，怒目强项，两手虎爪之状，有如猛虎出山之势。"

少林虎形拳是一门独特的象形拳种，具有很高的实战和表演价值。在练法方面，其以形为拳，以势发劲；以气催力，刚劲有力。在技击方面，其注重进攻，以刚制刚；近身发力，打擒合用；多用虎爪，多用马桩。

少林虎形沾衣擒跌，模仿猛虎猎捕之形，招法威猛难挡。实战之时，其爪法抓拧盘转，肘法砸压截拦，腿法钩挑绞绊，令敌歪斜失衡，趴躺倒地，重则伤瘫不起。

# 一、猛虎斜靠

1. 敌方前滑步进身，右拳击打我方胸部。我方左脚向后撤退一步，体略左旋，同时，起右手向外抓握敌方右腕。（图1–1）

图1–1

2. 接着，我方左脚上步，落于敌方右腿后侧方，同时，上右脚扣其左腿，左掌向前划弧、向右收于右拳前，右手抓敌腕向右下拽，右转体，左肩抵敌方右肋后侧。（图1–2）

图1–2

3. 动作不停，左弓步，上体左转，同时，左掌向左上翻出，左臂和左膀靠击其胸部，使敌仰身向后倒跌而出。（图1–3）

图1–3

## 二、饿虎盘身

1. 敌方上前用右手抓我左肩，欲施招制我。（图1–4）

图1–4

2. 我方迅疾用右手按敌方右掌背，将其右掌压在我方左肩上，左拳伸臂上举，同时，右脚撤退一步，屈膝沉身成马步。（图1–5）

图1–5

3. 动作不停，重心下移，左臂屈肘下压敌右肘关节处，右旋身，使敌方右臂反关节，进而向下跌扑趴地。（图1–6）

图1–6

## 三、抄腿反捶

1. 敌方进步，右拳击打我胸部。我方左脚后撤一步，右旋身，右手反抓接敌方右腕并向右侧牵带。（图1–7）

图1–7

图1–8

2. 接着，我方左拳屈臂上撩其臂，同时，左脚抄踢敌右小腿后侧。敌方抬腿闪避。（图1–8）

图1-9

3. 动作不停，我方左脚向前落步于敌方左脚跟后外侧方，同时，左拳向左前下砸击敌方胃脘部，使其向后跌倒。（图1-9）

## 四、旋风卷草

1. 敌方右进步，右拳击打我方胸部。我方左脚向后撤退一步，右旋身，右掌向外抓握其腕。（图1-10）

图1-10

2. 接着，左手向前、向右划弧，沿敌方右臂上方回收至我方右腕上侧，左肘压敌方右臂。（图1–11）

图1–11

图1–12

3. 动作不停，我方左脚向前、向右上勾踢敌方右脚后跟部，同时，左掌变拳反甩，拦击敌方颈部，使其仰身跌出。（图1–12）

## 五、上步七星

1. 敌方左脚移步之际，右脚弹踢我方裆部。我左脚收步于右脚内侧，右转体，屈膝下蹲成并步，同时，左拳裹击敌右踝关节外侧，将其腿攻击化解。（图1–13）

图1–13

图1–14

2. 接着，左转身，左脚向前上步，同时，左拳冲击敌方小腹。（图1–14）

图1–15

3. 动作不停，左拳回收屈肘，以肘尖顶击敌方胸口。（图1–15）

4. 敌方受以上打击而低头，我方即用反背掌击其面部。下、中、上三盘打击要连环紧凑，不给对方喘息之机，将其击出而跌。（图1–16）

图1–16

## 六、黑虎甩鞭

1. 敌右进步，右拳击打我面部。我方迅疾将左脚撤退一步，左拳向上探出，用左前臂外侧格击敌方右前臂内侧，化解其攻击。（图1–17）

图1–17

图1–18

2. 接着，我方上左脚于敌方右脚跟外后侧，同时，左拳向前划下，拦于敌方胸前。（图1–18）

3. 动作不停，我方右拳横击敌方腹部。（图1–19）

图1–19

图1–20

4. 随即，我方两拳压敌方胸、腹部，向左后侧方旋甩劲，将敌弹跌而出。（图1–20）

## 七、蹬扑双脚

1. 敌方右进步，右拳击打我方胸部。我方左盖步，身体左转，同时，两掌成掳手接敌右臂。（图1-21）

图1-21

图1-22

2. 接着，右脚向前方上一步，上体略左转，同时，两手用力向右下方拽拉敌臂，使敌前扑，而我方左脚向后蹬绊其腿。（图1-22）

3. 动作不停，我方拽敌臂继续向右下侧方旋劲发力，使敌跌趴于地。（图1-23）

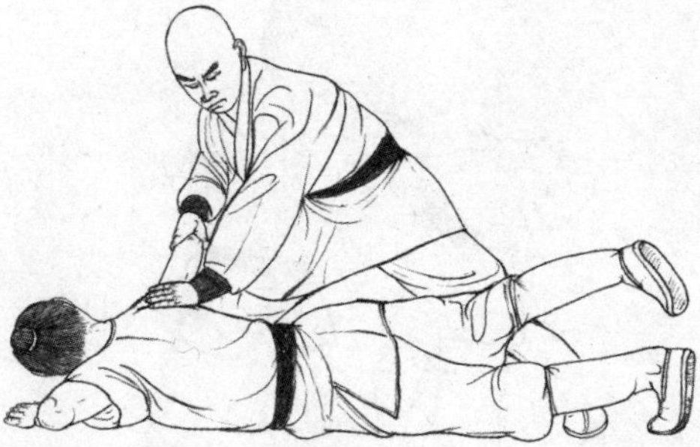

图1-23

## 八、拦脚绊马

1. 敌方右进步，右拳击打我方胸部。我方迅疾将左脚撤退一步，右旋身，同时，用右手抓握敌腕向右牵带。（图1-24）

图1-24

2. 随即，我方向右前抬左脚至敌体前，左手抓敌方右肘关节外后侧。（图1-25）

图1-25

3. 动作不停，我方左腿用力向左后方蹬挂敌右小腿，同时，右手回带，左手翻掌下按其肘关节，使敌前俯跌地。（图1-26）

图1-26

## 九、横肘压顶

1. 我方滑步进身，左拳冲击敌方面部。敌方后滑步，左偏头，抬右臂架我方左前臂，阻截我方左拳攻击。（图1–27）

图1–27

图1–28

2. 随即，我方右掌沿左臂内侧向前推挤敌右拳臂。（图1–28）

3. 动作不停，我方右手旋指抓敌右腕向右下侧拽拉，同时，左腿屈膝提起，使敌身体前倾。（图1–29）

图1–29

4. 接着，左脚踏落于敌方右脚前内侧方绊其右腿，同时，左臂屈肘向下砸击敌头部，致敌向我方右前侧跌扑。（图1–30）

图1–30

## 十、冲心肘跌

1. 敌方右进步，右拳击打我面部。我方迅疾将左脚撤退一步，右旋身，同时，左前臂竖起向右裹旋格阻敌方右前臂外侧，将其攻击拳化解。（图1–31）

图1–31

图1–32

2. 随即，左脚上步于敌方右腿后侧方成马步绊，同时，用左肘尖顺势顶击敌心口部。（图1–32）

3. 动作不停，我方左弓步，左手抵敌方心口向左后侧方旋转发力，让敌方向左后侧跌出。（图1–33）

图1–33

## 十一、翻江倒海

1. 敌方左脚跨步进身，右拳横摆击打我方头部。我方迅疾后滑半步，同时沉身，头部向左偏闪，避于敌方右肋外下侧。（图1–34）

图1–34

2. 随即，我方左脚前移弓步，同时，用左掌托敌方右小腿，右掌拍按其后背。（图1–35）

图1–35

3. 动作不停，两手同时发力，左托右压，将敌方向右侧摔跌而出。（图1–36）

图1–36

## 十二、顺手牵羊

1. 敌方右进步，右拳击打我面部。我方迅疾后撤左脚一步，左偏身，上抬右拳于头部右侧格挡敌方右腕外侧。（图1–37）

图1–37

图1–38

2. 接着，我方右手旋腕抓握敌方右腕，同时，右脚向后方撤退一大步，右手拽敌腕向右牵带至头部右侧方。（图1–38）

3. 动作不停，我方右手拽敌右腕继续向右后下侧方旋拉，同时，左臂屈肘砸击其大臂，并向右侧下方旋压，致敌向右侧后方跌趴。（图1-39）

图1-39

## 十三、老虎张口

1. 敌方左脚向前跨步进身，右拳击打我方面部。我方略后滑步，右偏闪身避过敌拳攻击。（图1-40）

图1-40

图1-41

2. 接着，我方右脚向前跨上一步，踏入敌方中门，同时，左掌上架拦格敌右前臂内侧，使其右臂向外偏移。（图1-41）

3. 动作不停，我方右掌迅疾撩击敌方腹部，发劲抖力，使敌仰跌而出。（图1-42）

图1-42

## 十四、懒虎缩身

1. 敌方右进步，右手前伸抓我胸襟。我方迅疾吞胸吸腹，右手按敌方右手背，将其压在我方胸前，上体右旋，将敌右臂拉直。（图1-43）

图1-43

2. 动作不停，我方左脚收步于右脚内侧，屈膝半蹲成左丁步，同时，左臂下落，用左上臂及腋部夹压敌方右前臂，致敌前扑而跌。（图1-44）

图1-44

## 十五、剪手旋跌

1. 敌方左脚向前跨进步，左拳击打我方面部。我方迅疾将左脚向后撤退一步，右弓步，右掌上挑，用掌背格击敌方左腕内侧，阻截敌拳攻击。（图1–45）

图1–45

图1–46

2. 接着，我方左脚跨上一步，踏入敌方中门，同时，右掌旋转掌心贴敌左前臂，左手从下向上抄抱敌左上臂，两手成交错状控敌左臂。（图1–46）

3. 动作不停，我方左手向怀里回带，同时，右手前推其前臂，交错用力，反折敌臂。（图1–47）

图1–47

4. 随即，上体向左旋劲，双手成拳同时向左后侧方旋拦敌左腋及背部，将其向左侧后方旋跌而出。（图1–48）

图1–48

## 十六、扳手扑面

1. 敌方右进步，右拳击打我方面部。我方迅疾撤退左脚一步，左旋身，左云手向外拨挡敌右前臂内侧。（图1–49）

图1–49

2. 敌方随即冲出左拳，再度击打我方面部。我方左手压敌右臂向左下旋按，右掌上起拍敌左腕外侧向左推，阻截敌拳攻击。（图1–50）

图1–50

3. 接着，我两手继续向下压按敌臂，使其臂成交叉状，同时，上左脚扣其右脚。（图1-51）

图1-51

4. 动作不停，我方右手将敌左前臂按下压其右前臂，同时，左前臂上起，贴抵敌方左上臂。（图1-52）

图1-52

图1-53

5. 随即，左手小臂反背击打敌胸部及面部，同时，右手控制其臂向前推送，致使敌仰身向后跌出。（图1-53）

## 十七、扣捶搓脚

1. 敌方左脚上步进身，左拳击打我方面部。我方后滑步，沉身成马步，同时，左前臂上提，从右向左格击敌左前臂外侧。（图1-54）

图1-54

2. 接着，我方左前臂贴敌左前臂向外下压。（图1–55）

图1–55

3. 动作不停，我方左拳回手扣击敌胸部，右拳扣击其后腰部，同时，右脚搓击其左脚后跟。（图1–56）

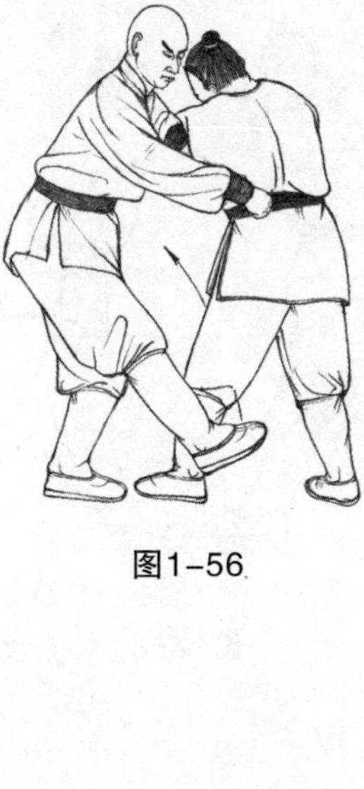

图1–56

4. 随即，我方右脚向左旋踢，使敌仰面倒地。（图1–57）

图1–57

## 十八、虎劲抛摔

1. 敌方滑步进身，左拳击打我方面部。我方迅疾后撤左脚一步，上体左旋同时，右掌拦格敌方左前臂内侧，阻截敌拳攻击。（图1–58）

图1–58

图1–59

2. 随即，我方左脚上步于敌左前外侧，右转体，背对敌方，同时，右手抓敌左手腕，左手托敌左肘，两手合力将其左臂扛在我方左肩上。（图1–59）

图1–60

3. 动作不停，身体前倾，臀部上顶，两手用力下拉，身体微左转，将敌方从我左肩摔出。（图1–60）

# 第二章

# 通臂沾衣十八跌

据传，北宋初年，福居大师曾邀集全国十八家武术名手于少林寺共研绝技，并将各家精粹汇集成册。十八家绝技为：“太祖长拳起首，韩通通臂为母……”其中就有通臂拳。从此，通臂拳成为少林一大拳种，而且占有很重要之地位。

少林通臂自宋之盛而历经千年，衍生出多门绝技，如“少林白猿通臂拳”“少林大圣通臂拳”“少林内廊通臂拳”“少林六合通臂拳”“嵩山灵猿通臂拳”“少林筋经通臂拳”“少林硬门通臂拳”等。惜不少秘法日渐势微，亟待吾辈紧急挖整。

本章沾衣擒跌，取自少林通臂之硬门通臂拳。硬门通臂，“长手冷腿，神机莫测”，乃少林名拳精品，其拳歌曰：“秘传硬门通臂拳，铁手冷腿敌胆寒。放长击远舒猿臂，迭劲追杀变无端。”

## 一、金刚叩门

1. 我方右脚跨步进身，左掌穿击敌喉。敌退右步，抬左臂架我方左腕，阻截我方左腕部。（图2-1）

图2-1

图2-2

2. 我方左腕反压敌臂，右掌粘压敌左前臂上侧，左脚抢进一步，落于敌方左腿后侧绊住，同时，左掌推击敌胸部。（图2-2）

3. 动作不停，左掌抖劲发力，掌根向前震击敌膻中穴，使敌方跌翻倒地。（图2-3）

图2-3

## 二、犀牛回首

1. 敌方滑步进身，右拳击打我方胸部。我方迅疾后滑步，右旋身，用左臂格化敌右前臂外侧，用横劲化开敌拳攻击。（图2-4）

图2-4

2. 接着，借敌拳直来之劲，我方左手内圈用虎口托敌右前臂下侧，向右、向前顺势借力，两脚亦向右转动，造成敌方失衡前倾。（图2-5）

图2-5

3. 动作不停，我方右脚退步，右转身，猛然用臀部右侧靠击敌右胯后侧，致其跌扑而出。（图2-6）

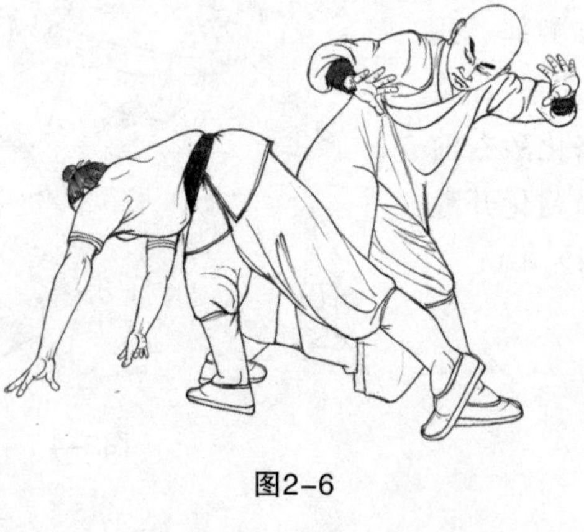

图2-6

## 三、捕阴进肘

1. 我方滑步进身，左掌击敌裆部。敌方退右步，佝身吞腹藏裆，避过我左掌锋芒。（图2-7）

图2-7

2. 我顺势滑步进身追击，右肘向前横压击敌左肋部，致敌后倾。（图2-8）

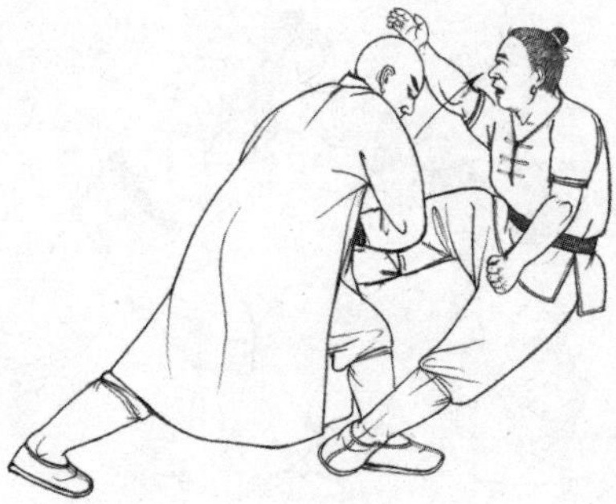

图2-8

3. 动作不停，我方右拳向前翻臂击敌面部，将其打跌而出。（图2-9）

图2-9

## 四、黑熊晃膀

1. 敌方滑步进身，右拳击打我方胸部。我方左脚向后撤退一步，右掌上翻接敌右腕外侧；接着右旋体吞劲，右手抓敌右腕向右下拽，左掌按敌右肘关节助力，使敌向前倾身。（图2-10）

图2-10

2. 随即，我方右脚前移于敌右脚外侧，同时，上体前倾左旋，用右肩膀靠击敌右胸部。（图2-11）

图2-11

3. 动作不停，我方右肩、右肘同时发力左旋，撞击敌方右胸部，将敌跌翻。（图2-12）

图2-12

## 五、金刚送客

1. 敌方滑步进身，右掌向我面部击来。我方迅速撤退左脚一步，同时，右手前迎扣抓敌方右腕，并向外旋拧。（图2-13）

图2-13

图2-14

2. 接着，我方左脚向前踩封敌方右脚背，同时，左手抓敌右肘，拇指扣敌方右肘曲池穴。（图2-14）

3. 动作不停，我方猛然抖劲发力，将敌方送跌而出。（图2–15）

图2–15

## 六、撵猴入笼

1. 敌方滑步进身，右拳击打我方面部。我方右脚退步沉身，右手横劲搬移敌右腕外侧，化解其拳攻击。（图2–16）

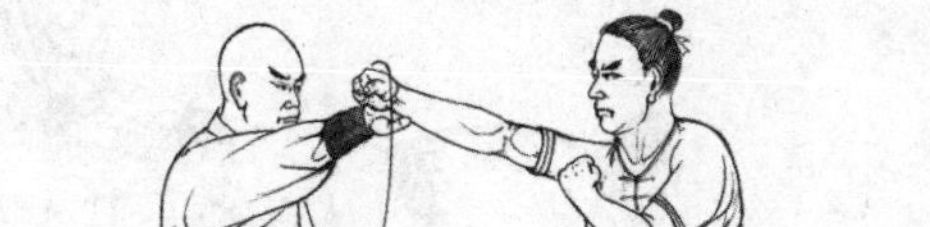

图2–16

2. 敌方见右拳受阻，迅疾左踹腿踢击我腹部。我方迅疾将左脚向后撤退一步，左旋体，同时，左手接敌方左踝关节并向左后拽带，右掌按击其左大腿根部。（图2-17）

3. 动作不停，我方左手带敌左脚向左旋转，致敌前扑之际，右掌击敌后背，将其跌出。（图2-18）

图2-17

图2-18

## 七、倒插杨柳

1. 敌方左垫步进身，右腿踢击我方胸部。我方左闪身避其锋芒之际，右手捞敌右小腿近足跟部位，左脚上步于敌左脚后侧，左掌拿其右膝盖，肘及前臂压敌右大腿，顺敌踢击之惯性向右侧牵引。（图2–19）

图2–19

图2–20

2. 敌往回挣力，我则顺势将敌腿往上掀出，双掌插击敌裆腹部。（图2–20）

3. 动作不停，我方两掌抖腕发力，掌根震击敌方腹部，将其跌翻于地。（图2-21）

图2-21

## 八、迎送宾客

1. 敌滑步进身，右拳击打我方面部。我方迅疾撤退左脚一步，上抬双掌，右掌拦抓敌右腕外侧，左掌腕部拦格敌右肘关节外侧，阻截敌拳攻击。（图2-22）

图2-22

2. 接着，右手拿敌腕，左脚上步拦于敌右脚前侧，同时，右旋身，以双手将敌右臂向我右侧下方猛拽。（图2-23）

图2-23

3. 敌方向后挣力，试图用力挣脱。我方则借敌后挣之劲，两掌松开，向前、向上托击敌下颌或咽喉部，将其推跌而出。（图2-24）

图2-24

## 九、天王甩杵

1. 敌方左脚上步进身，右拳击打我方面部。我方左脚迅速向左后侧方摆跨一步，略左转体避其锋芒之际，右前臂上格敌方右腕臂外侧。（图2-25）

图2-25

图2-26

2. 接着，我方右手迅速旋腕扣指擒抓其腕；上体右转，下盘成扭步，右手抓敌右腕向下拉拽，左掌砍击敌方右上臂外侧。（图2-26）

图2-27

3. 动作不停，在敌方右臂受击负痛往回收拉之际，我方顺其势，左脚上前一步绊其右脚跟，同时，左掌前穿，使前臂拦于敌方咽喉，猛然向左横扫，将敌挂跌而出。（图2-27）

## 十、大雁斜飞

1. 敌方右脚前移步，左脚向前跨进一步，右直拳击打我方面部。我方迅疾后退右脚半步，上翻左掌向外裹化敌右前臂内侧，化开敌拳攻击。（图2-28）

图2-28

图2-29

2．敌方右拳落空之际，发出右踹腿踢击我方左肋。我方立即向左侧后方摆跨一步避闪，同时，右掌下挂外搂敌右小腿外侧。（图2-29）

3．敌方顺势右脚落地，左腿后挂旋踢我方头部，我方左脚后撤步，同时，左手屈臂格架敌左小腿。（图2-30）

图2-30

4. 动作不停，右掌从敌方左腿下向前穿击其裆部，左手粘制其腿向左前捋化，右臂立肘前靠，撞敌裆腹，将其掀翻跌出。（图2-31）

图2-31

## 十一、铁臂挡车

1. 敌方滑步进身，右掌穿击我咽喉。我方左脚向右外侧方闪跨一步，右转身，右手抓敌方右腕；左手上托敌肘之际，被敌方左手抓住。（图2-32）

图2-32

图2-33

2. 我方急进左脚于敌右腿后侧方，左手猛向上提，同时，左肘尖向前猛劲撞击敌方右肋。（图2-33）

3. 动作不停，我方右掌下按，与左肘臂同时向左后下侧发力震抖，将敌跌翻而出。（图2-34）

图2-34

# 十二、牵牛过渠

1. 敌方滑步进身，右拳击打我方面部。我方迅疾向左闪步偏身，避过敌拳锋芒。（图2–35）

图2–35

图2–36

2. 接着，我方右手上拦，起身抓敌方右腕外侧，左掌托敌方右肘关节，两手作旋拧劲。（图2–36）

图2-37

3．动作不停，我方右脚尖内扣，左掌前伸抱敌方后脑；右手拽敌右腕向右后侧方旋拉，左手助力向右旋推，两手同时发力，撒手将敌方向右侧方摔跌而出。（图2-37）

## 十三、反摇铁扇

1．敌方滑步进身，右拳击打我方面部。我方右脚向内收步，左脚向左侧摆步于敌右后侧，左偏身避过敌拳锋芒之际，右手顺势粘擒敌腕下带，上体右转，左肩挤靠敌右上臂后侧。（图2-38）

图2-38

2. 敌右臂若回挣，我顺势紧逼，左肘顶击敌右肋部。（图2-39）

图2-39

3. 动作不停，迅速前挤身，左臂上翻靠击敌胸，左反背拳攻其面部，将敌跌翻而出。（图2-40）

图2-40

## 十四、拦山钩挂

1. 敌方滑步进身，右拳击打我方面部。我方收退左脚于己右脚内侧，起右手抓擒敌腕并向右后侧牵拉。（图2-41）

图2-41

图2-42

2. 接着，左脚随左转体之势上步于敌右腿后侧方，腰身左拧，以肩顶敌腋肋部，造成敌背我顺之势。（图1-42）

3. 动作不停，我方左掌向前按压敌左肩，前臂压敌胸，左弓步向左旋劲。（图2–43）

图2–43

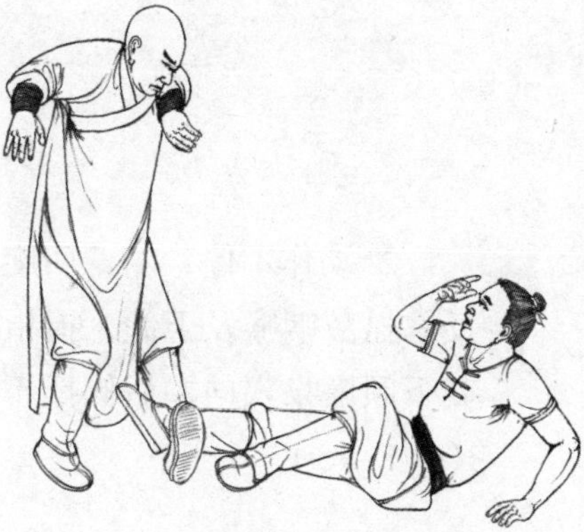

图2–44

4. 随即，我方左脚勾挂敌方右脚跟，将其踢翻跌地。（图2–44）

# 十五、推山倒石

1. 敌方滑步进身，右掌推击我方胸部。我方右擒拿掌接敌右掌，拧劲右旋，同时，用左前臂由左向右靠击敌右肘部后侧，使其肘关节受损。（图2-45）

图2-45

图2-46

2. 动作不停，左臂回旋，反掌抓敌咽喉及下颌，拇指扣其下颌廉泉穴向左后侧反压。（图2-46）

3. 随即，右掌松开敌右手，前推敌喉，助力将敌推跌而出。（图2-47）

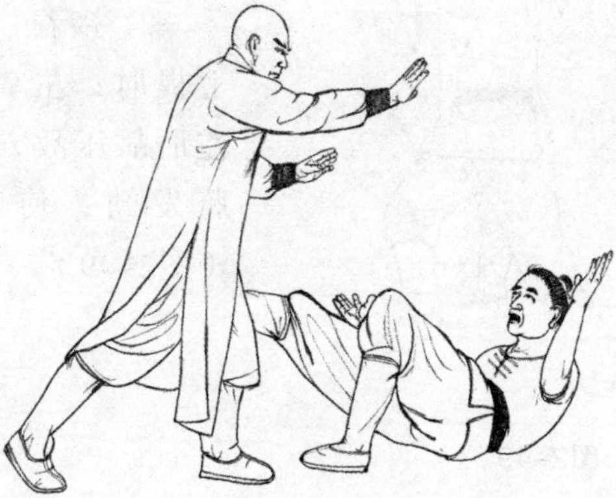

图2-47

## 十六、倒拔垂柳

1. 我进身左掌击敌面部；敌方接我左腕，上右步插入我方裆前，欲施招制我。我迅速沉肩坠肘，近身挤靠使敌方失衡，同时做好翻腕提肘的准备，注意自身下盘的稳定。（图2-48）

图2-48

2. 接着，我方翻左腕上提肘，左掌上滚拧裹，左肘靠压敌方胸部，以腰胯发劲，使敌方后倾。（图2-49）

图2-49

3. 动作不停，我方左掌翻压敌左肩向左后旋转，右掌推敌胸部，将敌方向左侧后方跌出。（图2-50）

图2-50

## 十七、顺手牵羊

1. 敌方左脚跨步进身，右拳击打我方面部。我方左脚向左侧摆跨一步，左闪身避过敌方右拳击打。（图2-51）

图2-51

图2-52

2. 在避过敌锋瞬间，我方迅疾起身右旋，两手同时上起，随右转体格抓敌方右臂，并顺势向右后侧牵带。（图2-52）

图2-53

3. 动作不停，双手向右侧后方猛一抖劲，同时，右脚前踢敌方左脚踝关节，使其重心失衡，向我方右侧后方扑跌而出。（图2-53）

## 十八、旋风朝阳

1. 敌方左脚上步进身，左拳击向我方面部。我方不退反进，右脚上步，用右掌拍按敌方左前臂，化掉其攻击。（图2-54）

图2-54

2. 接着，我方右掌继续向下按敌方左臂，同时，左脚上步别于敌方左腿后侧，右转身，左臂横拦敌方胸及咽喉部位，迫使敌方右转身。（图2-55）

图2-55

3. 动作不停，我方右手抓敌左臂向右后旋拉，左臂发劲拦压敌方前胸并向右旋推，致敌仰面翻跌。（图2-56）

图2-56

# 第三章

# 劈挂沾衣十八跌

少林劈挂拳，是少林派的一个重要拳种，据传始于明代，创于何人尚诗考证。

其拳法风格别致，独具特色：拧腰切胯，开合爆发；劲力饱满，动作舒展。在技击上讲究以长制短，以快打慢；高挂低劈，横拦顺搬；折叠回环，招法珠连。

劈挂沾衣十八跌，以长制短，长中带短，可致敌躺倒而失去抵抗力，也可乘机追击而致敌重创。有歌赞曰：“少林劈挂拳，嵩山有真传。学会劈挂拳，出寺成英贤。”

现代，北派（南传）劈挂拳一大分支“大圣劈挂门”出了不少高手，且有不少弟子成长并成为香港电影功夫名星，如陈观泰、黄秋生、高雄、何家辉、钱小豪、白彪等。

# 一、风卷残荷

1. 敌方左垫步进身，右拳击打我方面部。我方左掌上提，裹臂格挡敌右腕外侧，阻截敌拳击打。（图3–1）

图3–1

图3–2

2. 接着，我方右脚上步，落于敌方右腿后侧，同时，左掌向右推压敌右臂，右掌向前斜砍，右前臂拦敌咽喉部。（图3–2）

3. 动作不停，我方左转身，右臂压敌咽喉部并向左后下侧方旋压，将敌跌出。（图3–3）

图3–3

## 二、罗汉伏虎

1. 敌方左垫步进身，左拳击打我方面部。我方迅疾将右脚向右前斜上方跨步闪身，避过敌方左拳锋芒。（图3–4）

图3–4

2. 随即，右脚向敌身后跨一步，左转身，以正面对敌方后背，同时，双掌猛力推敌后颈部。（图3–5）

图3–5

3. 动作不停，我方在敌前扑倒地之际，右前臂缠抱敌颈，左掌按压敌后脑，俯身压制，将敌擒拿于地。（图3–6）

图3–6

## 三、旋风卷地

1. 敌方左脚跨步进身，左拳击打我方面部。我方上体向左后闪，同时，沉身下坐，右脚上步于敌左脚跟后侧，右掌反背甩掌，击打敌方左肋部。（图3–7）

图3–7

2. 随即，右脚勾踢敌左小腿，右掌上翻，反拍敌面部。（图3–8）

图3–8

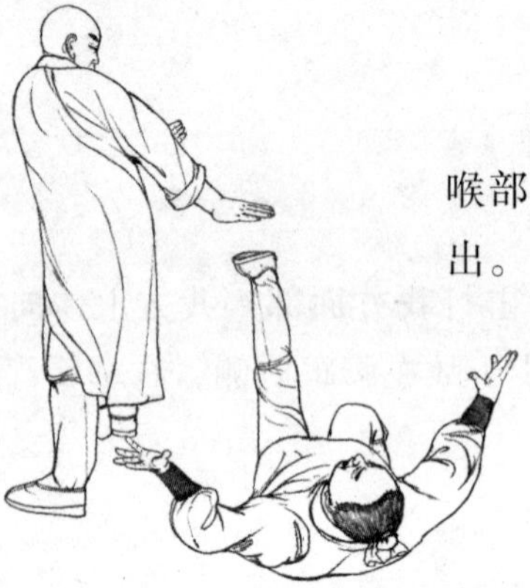

3. 动作不停，我方右掌拦敌方咽喉部并向右后方甩出，将敌方仰身跌出。（图3–9）

图3–9

## 四、青龙转身

1. 敌方滑步进身，右拳击打我方腹部。我方左脚向后撤退一步，沉身下坐，同时，右掌向下格敌右腕外侧。（图3–10）

图3–10

2. 接着，我方左脚上步绊敌方右小腿后侧，左小臂前伸，横拦敌方咽喉。（图3–11）

图3–11

3. 动作不停，左臂拦敌方咽喉部，向左后转身，将敌方向左后侧方跌出。（图3–12）

图3–12

## 五、倒拽牛尾

1. 敌方左垫步进身，右脚蹬踢我方胸部。我方略向后滑步，避敌腿锋芒之际，左手抄抱敌右小腿，右掌抓敌方右脚掌，控敌攻击腿。（图3-13）

图3-13

2. 随即，我方控敌右腿向右下一拽，左脚铲击敌左膝关节内侧。（图3-14）

图3-14

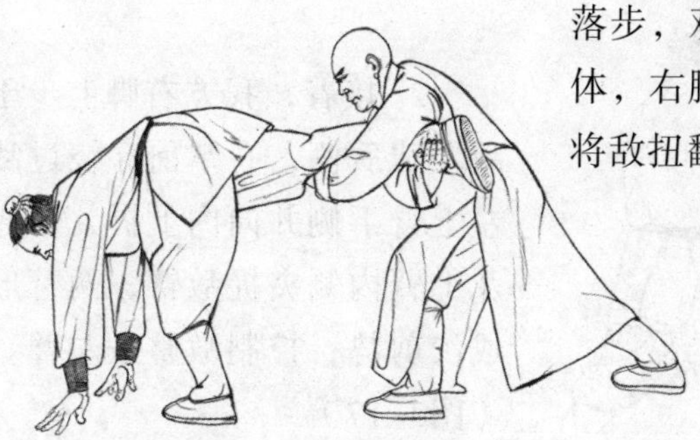

3. 动作不停，我方左脚落步，双手控敌右腿迅速右转体，右脚向后方撤退一大步，将敌扭翻而跌。（图3–15）

图3–15

## 六、铁臂靠山

1. 敌方左脚向前跨步进身，左拳击打我方面部。我方右脚向后略移步，左掌绕转上挑，用左前臂外侧格敌方左前臂外侧。（图3–16）

图3–16

图3-17

2. 接着，我方右脚上步于敌左腿后侧，右掌前穿绕过敌左上臂下侧并向内上提，肘弯及上臂内侧夹提敌臂，两臂形成绞剪势，控制敌整条左臂。（图3-17）

3. 动作不停，我方上身前靠，右肩膀靠撞敌左腋部，使其后仰。（图3-18）

图3-18

4. 随之，右掌上翻，反背掌拍击敌面部，将敌方跌翻而出。（图3-19）

图3-19

## 七、罗汉荡苇

1. 敌方滑步进身，右拳击打我方面部。我方左脚向左外侧闪跨一步，偏身避过敌拳攻击。（图3-20）

图3-20

2. 随即，我方在闪身避敌之际，踢右腿铲击敌右膝部外侧。（图3–21）

图3–21

3. 敌腿受创未及撤退之际，我方右脚落步于敌身后，右掌伸臂拦敌胸部，左旋转，将敌跌翻而出。（图3–22）

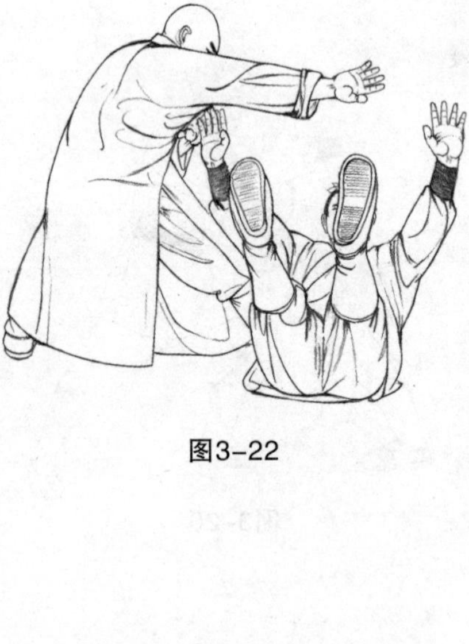

图3–22

## 八、蛮僧送客

1. 敌方滑步进身，右拳击打我方面部。我方右脚向后退步，同时，左掌上提，用左前臂外侧格阻于敌右前臂内侧。（图3-23）

图3-23

图3-24

2. 接着，我方左掌外旋，右脚上步于敌方右脚外侧，同时，右掌向敌方右臂外侧上穿提，以左右前臂交叉势夹敌整条右臂。（图3-24）

图3-25

3. 动作不停，左旋体，左掌屈腕扣指拿敌右腕，右掌内收按敌右前臂，右肘向上旋拧，上身前俯向左压，将敌整条右臂反拧控制。（图3-25）

4. 随之，猛向左侧旋转发力，将敌向左后侧方跌出。（图3-26）

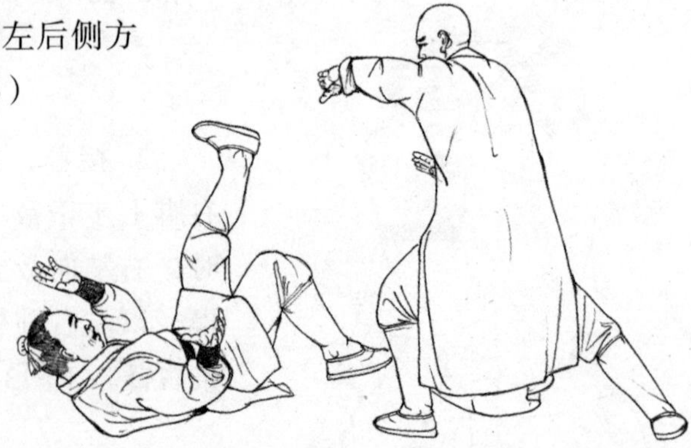

图3-26

# 九、渔翁摇橹

1. 敌方右脚前移步，左鞭腿踢击我方身体右侧。我方左脚迅疾后撤一步，身体右旋，右臂兜夹接敌方左腿。（图3–27）

图3–27

2. 动作不停，我方左掌协助右手控制敌左腿踝关节，左肘压敌方左膝部，同时，左脚上进一步于敌右脚后外侧方，右转身并向右前下俯，将敌旋摔跌倒。（图3–28）

图3–28

## 十、白蟒缠柱

1. 敌方滑步进身，右拳击打我方胸部。我方迅疾撤退左脚一步，左掌拍敌右前臂外侧并向下旋压，阻截敌拳攻击。（图3-29）

图3-29

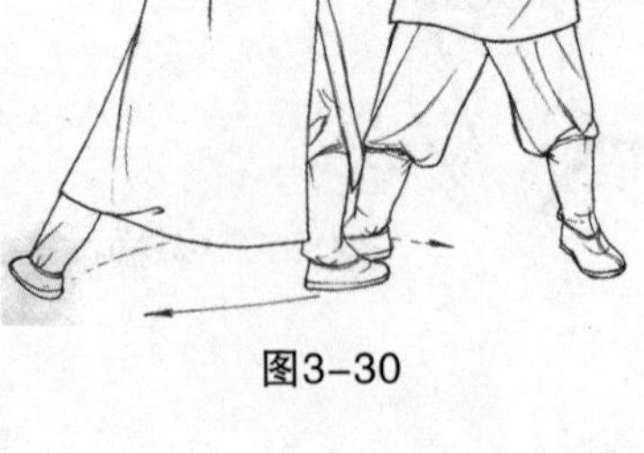

图3-30

2. 接着，前滑步，右掌随之向前穿过敌右臂，向上屈肘上提，左掌抓敌右腕下拉，使敌臂受创。（图3-30）

3．动作不停，右脚后退一步，左脚随之上前一步于敌方右腿后侧，右前臂反压敌右上臂及后肩腋部，上体右旋，控制敌方整条右臂。（图3–31）

图3–31

4．随之，是右臂拦带敌方右臂猛然向右侧旋划甩出，左手松开，致使敌方跌扑而出。（图3–32）

图3–32

# 十一、达摩弄苇

1. 敌方滑步进身，右拳击打我方面部。我方略退身避敌右拳锋芒，右掌外旋拍格敌右腕外侧。（图3–33）

图3–33

图3–34

2. 接着，我方左脚进步于敌右脚跟后侧，同时，左掌向前反摔，击打敌方左腮及耳门部。（图3–34）

3. 动作不停，右掌推击敌胸部，向左后下方发劲，将敌跌翻而出。（图3-35）

图3-35

## 十二、顺手牵羊

1. 敌方滑步进身，右拳击打我方面部。我方双掌上起，从左向右接敌右拳、臂，右掌按于敌右拳外侧，左掌按敌右肘部外侧，使敌攻击失效。（图3-36）

图3-36

2. 接着，我方双掌按敌拳臂向下用力，同时，右脚踩击敌右膝盖外侧。（图3–37）

图3–37

3. 动作不停，我方右脚向后收落退步，上体右旋转，同时，双手拽敌右拳臂向右后旋摔，将敌向身右侧方摔跌。（图3–38）

图3–38

## 十三、风摇竹影

1. 敌方滑步进身，右拳击打我方面部。我方略向后滑步，同时，左掌上起，用左前臂外侧阻截敌方右前臂内侧。（图3-39）

图3-39

图3-40

2. 接着，我方左掌贴敌右臂向外、向下、向内缠绕，将敌右腕部夹于我方左腋下，同时上提左掌，使敌臂肘关节反拧。（图3-40）

3. 动作不停，我方右手前穿向敌脑后，旋腕按敌后脑。（图3–41）

图3–41

4. 随即，右掌按敌方后脑向右侧后旋划，转体助力，将敌方向右后侧方掼跌而出。（图3–42）

图3–42

# 十四、反臂敲钟

1. 敌方左垫步进身，右脚踹击我方胸部；我方右手托敌右脚跟。随即，右脚上步，左转身，左脚绕步上进于敌方左脚跟内后侧，同时，我方腰部贴敌右腿滚身，右手兜敌右脚不放。（图3–43）

图3–43

图3–44

2. 接着，左肘顶击敌方右侧胸或肋部。（图3–44）

3. 动作不停，左掌成拳，前翻臂，反背拳击打敌方面部。（图3–45）

图3–45

4. 随即，我方左大腿发力撞击敌方裆部，将其撞跌而出。（图3–46）

图3–46

## 十五、黑熊晃膀

1. 敌方滑步进身，左拳击打我方胸部。我方左脚向后撤退一步，右脚略收步，沉身吞胸，右前臂内裹下压敌左前臂上侧，将敌拳攻击阻截。（图3–47）

图3–47

2. 接着，我方左手拿敌左腕部，右脚进步于敌方左小腿后侧，同时，右肘顶击敌方左腋。（图3–48）

图3–48

3. 动作不停，右掌前翻，前臂反拦敌胸，右掌背掮击敌面。（图3–49）

图3–49

4. 随即，我方右掌贴扒敌面，猛然右旋转体，将敌向右后侧方跌出。（图3–50）

图3–50

# 十六、马踏金殿

1. 敌方左脚向前跨步进身，左拳击打我方面部。我方略后滑步，左掌上挑，裹臂格阻敌左前臂内侧。（图3–51）

图3–51

2. 接着，左腕内屈，压敌左拳推向我方右肩前侧，同时，右掌压敌左上臂外侧近肩部，两掌交错用力，将敌左拳控在我方右肩。（图3–52）

图3–52

3. 动作不停，我方提起右脚蹬击敌方左侧臀部，同时，两手突然松开，将敌蹬跌而出。（图3-53）

图3-53

## 十七、风起飞扬

1. 敌滑步进身，右拳击打我方面部。我方撤退左脚一步，屈膝沉身下潜，同时，右掌向下拍击敌右踝关节外侧。（图3-54）

图3-54

2. 接着，我方右掌旋转托敌右脚后跟，猛地将敌方右腿向上托起，同时，左掌向前推打敌方面部。（图3–55）

图3–55

3. 动作不停，我方借敌方仰身避我方左掌之势，右手猛向前上推托，将敌方掀翻跌出。（图3–56）

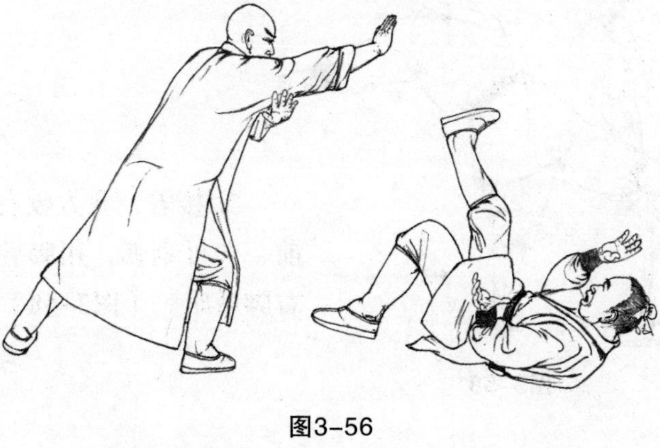

图3–56

## 十八、移身幻影

1. 敌方滑步进身，右拳击打我方面部。我方左脚向左外侧方闪跨一步，左偏身避过敌右拳锋芒之际，两掌向上拦敌右前臂外侧，并向右外侧推劲。（图3–57）

图3–57

图3–58

2. 接着，我方收右脚，向前、向外划弧，用脚后跟扫敌右脚后跟。（图3–58）

3. 动作不停，右掌翻拍敌胸，将敌跌翻。（图3–59）

图3–59

# 第四章

# 燕青沾衣十八跌

燕青拳是中国一个非常古老的拳种，流传很广，流派很多。据史料记载，它出自少林，自宋代创始以来即高手辈出。福居大师所录十八家绝技即有“燕青之沾拿跌法”，可见燕青之跌早已名震武林。

本章沾衣擒跌“扑敌使之跌”，所属燕青门，乃少林独传秘宗，与众不同。此门又名“燕青扑”，擅长擒拿摔跌，灵巧机敏，别开生面，有燕青练、燕青打、百把功、地桩功、燕青刀等秘传武技。

其沾衣擒跌歌诀曰：“燕青跌法玄又玄，不躺即趴翻又翻。手下无腿摔不倒，腿上无手一跑完。打后有跌轻扑重，跌后有打致伤残。擒中有跌最基本，跌中有擒势法全。”

# 一、飞胯撞跌

1. 敌方左脚上步，右腿横踢我方头部。我方迅疾撤右腿成左弓步，同时，右掌前推，阻敌方右小腿前胫，左前臂迅疾兜敌右小腿后侧，接敌方右腿。（图4-1）

图4-1

2. 接着，我方进右步，绊于敌方左脚后跟内侧。（图4-2）

图4-2

3. 动作不停，右胯一挪，向前冲力，将敌方撞跌而出。（图4-3）

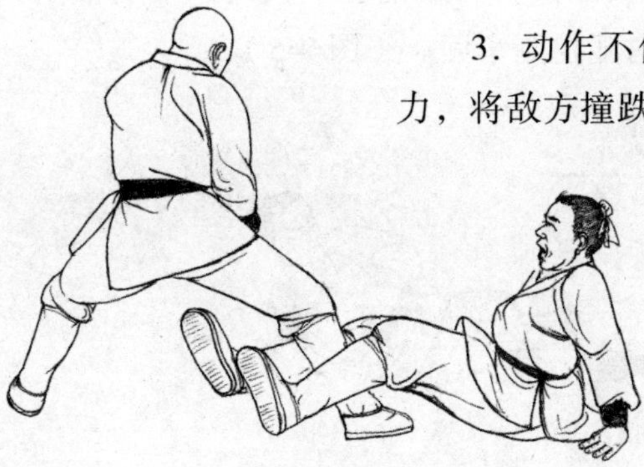

图4-3

## 二、接腿靠跌

1. 敌方左脚上步进身，用右腿横踢向我方头部。我方上体略左旋，左拳上抄，用左臂兜敌方右小腿，右手推按其右小腿前胫。（图4-4）

图4-4

2. 接着，我方左掌按压敌方右腿前胫，同时，右臂屈肘压敌右膝盖侧上方，将其右腿控制牢固。（图4-5）

图4-5

3. 随后，我方右脚上步绊住敌方左脚跟。（图4-6）

图4-6

图4-7

4. 动作不停，身体向左拧转，右胯撞击敌右胯根内侧，使敌方跌出。（图4-7）

## 三、旋风倒卷

1. 敌方左脚上步进身，右横勾拳击打我方头部。我方迅疾下蹲身，避过敌拳攻击。（图4-8）

图4-8

2. 接着，我方向敌右外侧起身之际，用右勾拳勾击敌方腹部。（图4-9）

图4-9

3. 动作不停，敌方受击而向前佝腰俯身，我方上举双掌反拍敌方后背，将其打倒在地。（图4-10）

图4-10

## 四、截拿绊跌

1. 敌方右脚前移步，随之左脚上步进身，左拳反背捶击打我方面部。我方左脚向左后外侧收步，右脚向右前侧方闪进步，同时，右闪身，右掌拍击敌左腕外侧，阻截敌拳攻击。（图4-11）

图4-11

2. 接着，我方右手屈指扣敌方左腕，身体迅速左转，同时，左脚向左后侧方撤一步，右脚插步于敌方左脚内侧绊扣。（图4-12）

图4-12

图4-13

3. 动作不停，身体前倾下沉，右手抓拿敌手不放，左手助拿，左旋身向下旋拽，将敌向左侧跌出。（图4-13）

## 五、压肘旋跌

1. 敌方右脚上步进身，右拳击打我方面部。我方左脚向后撤退一步，同时，右手由下而上抓其右腕，并向右外划带。（图4-14）

图4-14

2. 随即，我方左脚上步于敌方右腿后侧方，同时，右手抓敌方右腕向右后牵带，左手抓击敌右肘关节向前下推压。（图4-15）

图4-15

3. 动作不停，我方左肘猛压敌右臂，双手合力向右旋拽，将敌跌趴于地。（图4-16）

图4-16

# 六、按旋甩跌

1. 敌方右脚前移步，左脚上步进身，用左拳打向我方胸部。我方迅疾后滑步，用右手向左下弧形沉挂敌左腕。（图4–17）

图4–17

图4–18

2. 接着，我方左手向下挂击敌方左肘弯，右脚上步于敌方左腿外侧后方，用大腿内侧顶敌右大腿后侧，同时，右手一抖即转，反背击打敌方面部。（图4–18）

图4-19

3．动作不停，我方右拳变掌反按敌方面部，迅疾向右后侧方旋甩而出，将敌仰面跌出。（图4-19）

## 七、拦闪砸跌

1．敌方滑步进身，左拳击打我方面部。我方迅疾收左步，右脚向右外侧闪跨步，同时，左手反格敌左肘外侧，向外推劲，化解敌拳攻击。（图4-20）

图4-20

2. 随即，我方拧身上右步，至敌方左侧身后。（图4-21）

图4-21

3. 动作不停，借敌方前冲之势，我方左旋身，双掌向左下砸打敌后背，将敌方向左后侧方摔跌而出。（图4-22）

图4-22

# 八、肩撞肘跌

1. 敌方左脚进步，右脚上步，用右拳击打我方胸部。我方迅疾撤退左脚一步，用左手从上往下按压敌右腕，阻截敌拳攻击。（图4-23）

图4-23

图4-24

2. 随即，我方右脚向前顺时针划弧于敌右腿后侧方绊住，同时，左手顺势压敌右腕向外格开，右肩左旋撞击敌胸。（图4-24）

3. 动作不停，我方右肘前压敌方胸部，将其跌出。（图4-25）

图4-25

## 九、搬拦靠跌

1. 敌右脚前移步之际，左脚上步进身，左拳击打我方胸部。我方左脚向后撤退一步，左旋身，避敌拳锋芒之际，左手由上向下拦截敌方左腕外侧。（图4-26）

图4-26

2. 随即，我方左手屈指抓敌左手腕，上体左旋，同时，右臂屈肘裹击敌左肘外侧。（图4–27）

图4–27

3. 动作不停，右拳绕过敌方左腋下，向前以“搬”劲击敌胸部和颈部，并用右肩以“靠”劲靠撞敌胸，向右外侧方旋劲发力将敌跌出。（图4–28）

图4–28

## 十、拦切拽跌

1. 敌方左脚前移步，随之右脚上步进身，右拳击打我方面部。我方不退反进，右脚向前盖步，上体右旋左偏，用右掌格推敌右腕外侧。（图4-29）

图4-29

图4-30

2. 随即，我方右手扣指抓敌右腕，两脚交换步，左脚拦于敌方右脚前内侧，同时，上体右转，右手抓敌右腕向右下侧后方拽带，左肘旋滚撞击敌方右肘。（图4-30）

3. 动作不停，右手拽带，左肘拦切，一齐发劲右旋，将敌向右侧方跌扑而出。（图4-31）

图4-31

## 十一、肘靠旋跌

1. 敌方上进左步，右摆拳击打我方头部。我方略后滑步，同时，左手上拦，格抓敌方右腕内侧，阻截敌拳攻击。（图4-32）

图4-32

2. 接着，我方左脚后退半步，右脚上步于敌方裆前，同时，左手拽敌方右臂向左后侧牵带，左旋体右肘撞击敌方右肋。（图4–33）

图4–33

图4–34

3. 动作不停，我方左手拽敌右腕猛向左后侧方旋拽。（图4–34）

4. 随即，我方右上臂及肩向前、向左发劲旋靠，将敌方向左侧跌出。（图4–35）

图4–35

## 十二、拔根靠跌

1. 敌方右脚前移步之际，左腿踹向我方胸部。我方迅速沉身下潜，两臂张开，移向敌方右腿内侧，避过敌腿攻击。（图4-36）

图4-36

图4-37

2. 接着，我方双手抱敌方右腿，左肩前抵靠敌方裆胯。（图4-37）

3. 动作不停，我方双手将敌向怀内收拉，左肩前顶发力，使敌方跌倒。（图4-38）

图4-38

## 十三、锁喉旋跌

1. 敌方左脚上步进身，右拳击打我方面部。我方后滑步，上扬左手向外反格，屈指抓握敌方右腕。（图4-39）

图4-39

2. 接着，两脚交换步，右脚上步于敌方左脚内侧，同时，右手伸臂抓扣敌方咽喉。（图4-40）

图4-40

3. 动作不停，我方左旋身，左手抓敌腕向左拽带，右手扣推敌方咽喉向左旋劲，致敌仰跌。（图4-41）

图4-41

## 十四、缠腿旋跌

1. 敌方前移左步，右脚上步，右摆拳击打我方头部。我方不退反进，右脚上步，左臂上提拦格于敌方右肘弯内侧。（图4–42）

图4–42

2. 接着，我方左脚经敌方右小腿内侧绕过勾缠其右踝关节内侧，向上提起，左手压敌上身向左后侧反拧。（图4–43）

图4–43

3．动作不停，我方左脚猛向下沉劲，左旋身，左手反推劲，使敌向后仰身跌出。（图4-44）

图4-44

## 十五、绊脚旋跌

1．敌方左移步，右脚上步进身，右掌由上而下劈击我方头部。我方后滑步，速起右手上迎，用掌推阻敌方右腕外侧。（图4-45）

图4-45

2. 我方一粘接敌腕，即双手握住向右后下捋带，使敌身前倾失势，同时，起左脚拦敌方右腿前胫及踝部。（图4–46）

图4–46

3. 动作不停，我方左掌按敌后背，向前抖劲旋推，使敌方前栽跌出。（图4–47）

图4–47

# 十六、拧身肘跌

1. 敌方左脚上步进身，右拳击打我方面部。我方略后滑步，左手上格敌右前臂内侧。（图4-48）

图4-48

图4-49

2. 接着，我方旋腕扣指抓敌腕，并向外拧转。（图4-49）

3. 随即，右脚上步于敌方裆前，右臂屈肘砸击敌方胸部。（图4-50）

图4-50

4. 动作不停，我方左手拽拉敌右腕，右肘压敌胸部，左拧身发力，将敌方打跌于地。（图4-51）

图4-51

## 十七、辘轳单转

1. 敌方左脚上步进身，左拳击打我方面部。我方略后仰身避其锋芒，同时，用左手反拦格阻敌方左腕外侧。（图4–52）

图4–52

2. 接着，右脚向敌方左腿内侧上步，上身略左转。（图4–53）

图4–53

3. 随即，右脚落步，左转体，左手抓敌方左腕向左后侧拽拉，同时，右臂屈肘撞击敌方左上臂外侧。（图4-54）

图4-54

4. 动作不停，我方右肘向下压劲，左手拽带，使敌跌扑于地。（图4-55）

图4-55

## 十八、旋风卷尘

1. 敌方左脚纵步上前，右拳横打我方头部。我方略沉身迎上，左手及前臂前伸反拦敌右肘弯内侧，阻截敌拳攻击。（图4-56）

图4-56

图4-57

2. 随之，我方右脚上步，抄向敌方右腿弯，下落步于敌方右脚内侧，同时，右臂横拦敌前胸，右手抓敌左肩向左下旋压。（图4-57）

3. 动作不停，我方右臂发力向左下旋，将敌跌摔于地。（图4-58）

图4-58

# 第五章

# 武松沾衣十八跌

武松拳，也叫“二郎拳”，乃少林古传名门，具有北少林拳的特色，主要流传在山东、河南、江苏一带。

武松拳拳势粗犷，刚猛有力，拳脚并用，硬打快攻，有鸳鸯腿、打虎架、二郎对、脱铐手、伏虎手、醉酒拳、行者刀、打功夫等秘传武技。

其拳歌曰：“打虎英雄武二郎，除暴安良美名扬。怒杀西门双拳硬，醉打蒋门武艺强。鸳鸯楼上锄北奸，六和寺前擒南王。功成身退行者居，江湖梁山犹进香。”

武松沾衣十八跌，技击混成秘传之法，熔擒拿、抓击、摔跌于一炉，既可致敌跌趴，又可折敌筋骨，重可致敌伤瘫。

## 一、二郎推山

1.敌方右进步，右拳击打我方胸部。我方迅疾撤退左脚一步，右手接敌方右腕，左掌砍击敌方右前臂曲池穴部位。（图5-1）

图5-1

图5-2

2. 接着，我方松开右手，左掌压敌方前臂向下格落，左脚上步于敌方右腿后侧方，同时，右掌托击敌下巴。（图5-2）

3. 动作不停，我方左掌推按敌方胸部，双掌同时发力，将敌方推跌而出。（图5-3）

图5-3

## 二、旋风扑面

1. 敌方左脚进步，左拳击打我方面部。我方略右闪，左侧身，左手擒抓敌腕，右手抓拿其左肘关节。（图5-4）

图5-4

2. 动作不停，左脚前滑外锁敌左脚，同时，右掌推按敌左臂，左手锁拿敌右颈，拇指按其喉结。（图5-5）

图5-5

3. 随即，右旋体，发力震击，使敌跌出。（图5-6）

图5-6

## 三、旋转乾坤

1. 敌方滑步进身，右拳击打我方面部。我方左脚向后撤退一步，双掌上托阻截敌方右腕。（图5–7）

图5–7

2. 接着，我方左掌旋指抓敌方右拳，左脚向右脚内侧收拢之际，右掌按击敌方面部。（图5–8）

图5–8

3. 动作不停，我方左脚向右脚后侧退步，上体左转，左手抓敌右腕向左后下侧拽拉，右掌按敌方面部，将敌摔跌于地。（图5-9）

图5-9

## 四、倒拽虎尾

1. 敌方滑步进身，右掌戳击我方面部。我方迅疾将左脚向后撤退一步，左前臂上抬架敌方右前臂，阻截敌方攻击。（图5-10）

图5-10

2. 接着，我方右掌顺着敌方右掌背外旋，屈指扣抓敌方右腕外拧，左掌托敌右肘前推，同时，两脚迅速交换步位，立身而起，使敌右臂向上反折。（图5–11）

图5–11

3. 动作不停，我方左脚向右绕步，两手抓敌腕随转身从头顶上绕过，同时，右脚向左脚后侧退步，双手猛然向下旋拧，致使敌方仰面跌地。（图5–12）

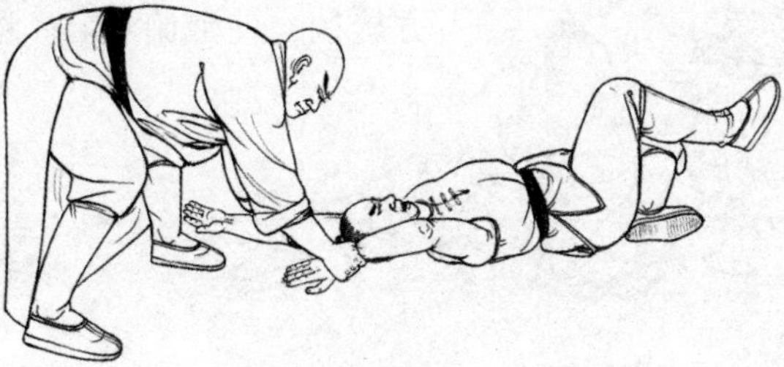

图5–12

## 五、行者伏虎

1. 敌方上进右步，用右掌反拍我方面部。我方两掌推阻敌方右前臂。（图5–13）

图5–13

2. 接着，我方右脚猛然退步，右旋身，右手抓敌方右掌并向右下方旋拉，使敌俯身。（图5–14）

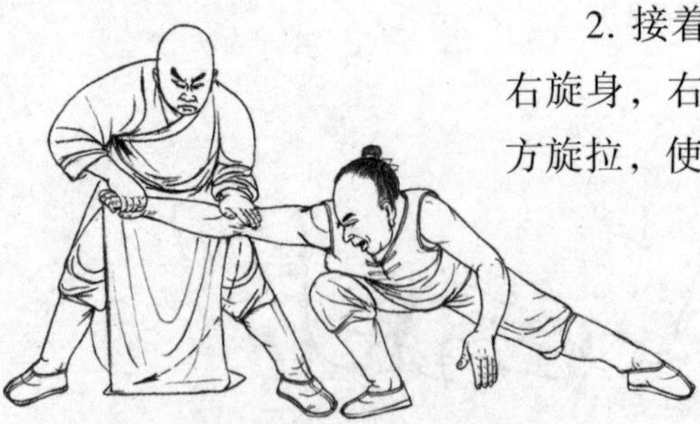

图5–14

3. 动作不停，我方左掌压敌方右臂向右下侧助力旋压，双手合力，使敌向右后侧方旋跌。（图5–15）

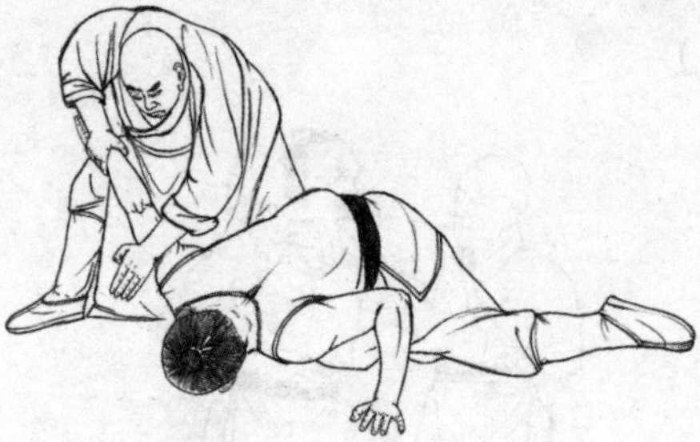

图5–15

## 六、青龙缠柱

1. 敌方滑步进身，右掌插击我方小腹。我方迅疾撤退左脚一步，略沉身，右前臂拦敌右前臂外侧并向右外侧化开。（图5–16）

图5–16

2. 接着，我方右前臂贴敌方右前臂向右、向上弧形收至右肋侧，屈勾腕臂抱敌方右前臂，同时，左脚上步于敌右脚后侧，右脚退步，左掌从敌方胸前穿过，反拦左臂格敌咽喉。（图5–17）

图5–17

3. 动作不停，我方左转身，劲震发，使敌向左侧身后跌出。（图5–18）

图5–18

## 七、玄鸟扑地

1. 敌方左脚上步进身，左拳击打我方胸部。我方迅疾后滑半步，右前臂内裹，格阻敌方左前臂。（图5-19）

图5-19

2. 接着，我方右掌从敌方左肘内侧绕过，并从敌方左臂后下侧穿过至肩外侧提起，同时，右脚上前一步，进于敌方左脚外侧。（图5-20）

图5-20

3. 随即，我方右脚尖内扣，左脚经右脚后侧退步，左转身，右掌压敌左肩后，左掌抓按敌方左肘关节，将敌左前臂反折在我方右肘弯内侧。（图5-21）

图5-21

4. 动作不停，我方控制敌方左臂继续左转，将敌旋压扑地。（图5-22）

图5-22

## 八、牵牛过栏

1. 敌方左脚上步进身，右掌插击我方腹部。我方迅疾后退步，两掌下落，阻截敌方右掌攻击。（图5-23）

图5-23

2. 我方在阻截敌方右掌之际，右掌扣指抓敌右腕，左手虎口叉敌右肘。（图5-24）

图5-24

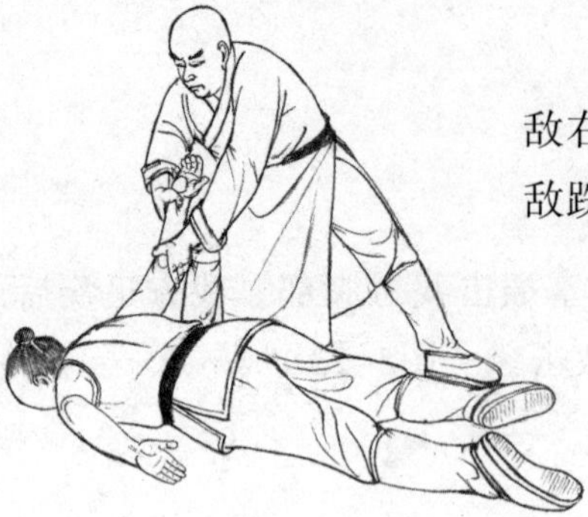

图5-25

3. 动作不停，我方双掌旋拧牵敌右臂，向右后侧方猛力旋转，致敌跌扑。（图5-25）

## 九、擒虎抽筋

1. 敌方滑步进身，右拳击打我方面部。我方左脚向后撤退一步，双掌向上托出，右掌托敌方右拳，左掌托敌方右前臂，并向上推劲。（图5-26）

图5-26

2. 接着，我方左脚向敌方裆前上步，同时，右掌贴敌右拳向下旋拧，左掌助力推敌方右肘后下侧，使敌右臂扭曲。（图5–27）

图5–27

3. 动作不停，我方两手控制敌方右臂不放，继续向下、向右后侧方旋拧，致敌跌扑于地。（图5–28）

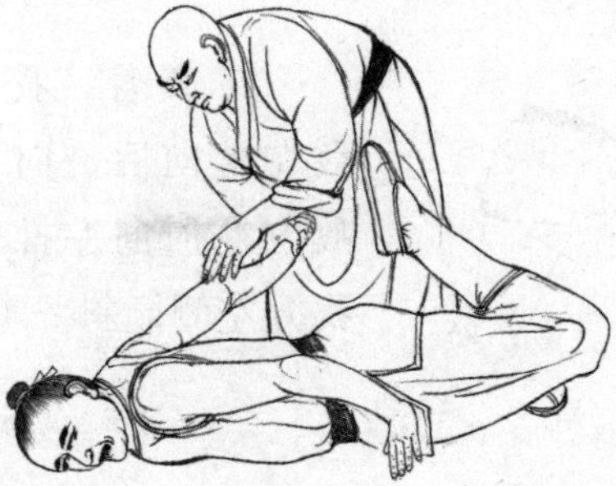

图5–28

# 十、钩镰绊马

1. 敌方左脚上步进身，左掌戳击我方咽喉。我方迅疾后滑步，左掌上穿，拦格于敌方左腕外侧，右掌推托敌左肘外侧。（图5-29）

图5-29

图5-30

2. 接着，我方左掌旋指扣抓敌左腕向后、向下旋拧，右掌托敌方左肘向左推，使敌方身体向我方左侧倾斜。（图5-30）

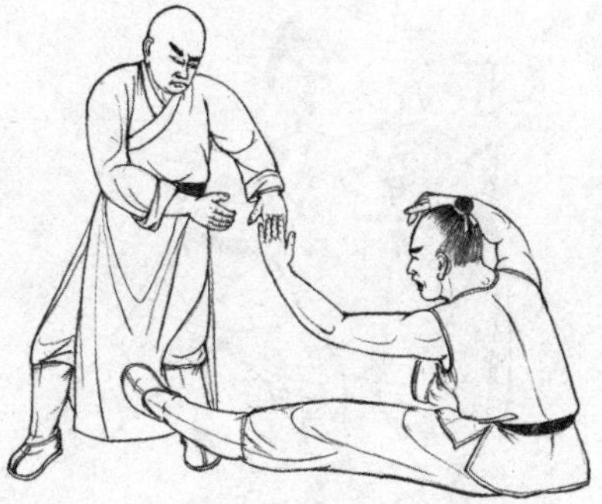

3. 动作不停，我方左膝贴敌方左小腿内侧前跪，致使敌方后坐于地。（图5-31）

图5-31

## 十一、倒背猛虎

1. 敌方滑步进身，右拳击打我方胸部。我方左脚向后撤退一步，右掌向前划弧，用掌背拦截敌右前臂外侧，并向右外侧滚劲，化去敌方右掌攻击力。（图5-32）

图5-32

2. 接着，我方右掌贴敌方右前臂旋转，右前臂外侧兜敌方右腕内侧，左掌按敌右腕外侧，同时，左脚收步、立身，将敌方右腕控在我方右肩。（图5-33）

图5-33

图5-34

3. 动作不停，我方右脚外展，左脚向右绕步转身，同时，两手合抱抓敌方右腕，将其右上臂反担在我方左肩。（图5-34）

4. 随即，我方前俯身，肩臀同时发力，双手猛然向下拽拉，将敌过肩摔跌而出。（图5-35）

图5-35

## 十二、贴肩靠壁

1. 敌方滑步进身，右掌劈击我方面部。我方左脚向后撤退一步，右掌内裹，旋格敌方右腕内侧，阻截敌方攻击。（图5-36）

图5-36

2. 接着，我方右掌一接触敌方右腕，迅速向左外侧推移。（图5-37）

图5-37

3. 随即，我方迅疾将左脚上步于敌方右大腿后侧，同时，左肩贴向敌方右胸。（图5-38）

图5-38

4. 动作不停，我方猛然抖劲发力，左肩靠击敌方胸部，使其跌出。（图5-39）

图5-39

## 十三、白鹤压翅

1. 敌方滑步进身，右拳击打我方咽喉。我方左脚向右脚内侧收步，上身略向右偏，使敌方右拳从我方左肩上方而过，同时，我方迅疾用右掌将敌右拳按在我方左肩，左掌前伸，用左上臂内侧向右挤敌方右前臂外侧。（图5-40）

图5-40

图5-41

2. 接着，我方右脚向后退一大步，上体右旋，左掌内收按自己右腕，左肘压敌方右前臂。（图5-41）

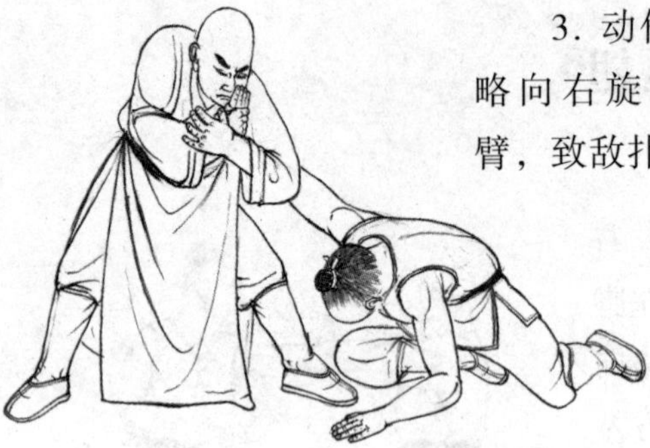

3. 动作不停，我方前屈身，略向右旋，左肘抖劲下压敌右臂，致敌扑地。（图5-42）

图5-42

## 十四、抱虎归山

1. 敌方左脚上步进身，左掌削击我方咽喉。我方后滑步，左掌向前阻截敌方左掌。（图5-43）

图5-43

2. 接着，我方左掌旋腕扣指抓敌方左掌，向左旋拧，同时，右脚上前一步，右掌心反托敌方下巴，拇指和食指、中指可顺势反扣。（图5-44）

图5-44

3. 动作不停，我方右脚向后撤退一步，上体随之右转，右掌扒按敌方下巴，致敌右旋。（图5-45）

图5-45

4. 随即，我方右旋身下沉，致敌旋转仰面而跌。（图5–46）

图5–46

## 十五、青蛇卷草

1. 敌方滑步进身，右掌攻击我方腹部；我方左脚向后撤退一步，左掌于腹前接敌方右掌。敌左掌来救；我方右肘向前压击敌方左臂，阻截敌方左手。（图5–47）

图5–47

2. 接着，我方左手抓敌方右掌不放，右掌顺势穿过敌右臂抱其右腕外侧，右脚略收步之际，右肘上抬，致敌方右臂反折。（图5–48）

图5–48

3. 动作不停，我方右脚向左脚后外侧弧形退步，同时，右转体，右掌按敌方右肩后侧旋压，致敌扑地。（图5–49）

图5–49

## 十六、摇转辘轳

1. 敌方左脚上步进身，右拳击打我方胸部。我方后滑步之际，左旋身，用双掌拦敌方右前臂内侧。（图5–50）

图5–50

图5–51

2. 接着，我方双掌顺势抓敌方右腕，并向下、向右旋拧，使敌方右腕关节反扭。（图5–51）

3. 动作不停，我方继续拧敌左腕，并向下拽，右旋身，致敌扑地。（图5–52）

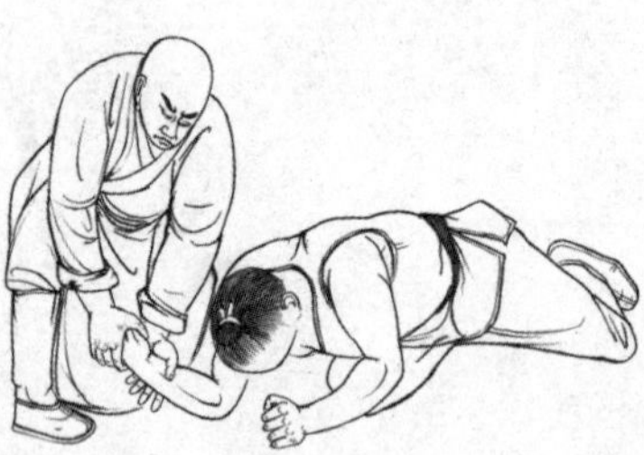

图5–52

## 十七、推山倒海

1. 敌方滑步进身，右拳击打我胸。我方左脚向后撤退一步，上身略右旋，左掌从左向右裹臂旋压敌方右前臂，并向左下化开其攻击。（图5-53）

图5-53

图5-54

2. 接着，我方左掌向左外侧化开敌方右前臂之际，左脚向敌方右腿后侧上步，同时，左掌从敌右肋侧穿过，掌心贴敌方后腰，并向怀内搂抱。（图5-54）

3. 动作不停，我方右掌推敌方胸口，抖劲发力，将敌方震跌而出。（图5–55）

图5–55

## 十八、二郎抱虎

1. 敌方猛然上进右脚，踏入我方左脚内侧，右拳摆击打我方头部左侧。我方不退步，上体往右侧倾身偏闪，避过其拳锋芒即沉身前移，左脚落于敌方右腿后侧方，同时，右手下伸捞其右腿膝弯，左臂前伸拦格于敌方胸部。（图5–56）

图5–56

2. 接着，右手兜提其右腿，左臂拦压敌胸，迫使敌方向后仰身。（图5-57）

图5-57

3. 动作不停，我方猛然左旋体，双手合力使敌向左侧身后摔跌而出。（图5-58）

图5-58

# 第六章

# 六通沾衣十八跌

《六通短打拳谱》载“六通短打原旨”：“何为以此（六通）二字定拳术名哉？夫拳术者，是手脚运动功夫。短打系拳术名称之一种，其中打法，皆以蓄势为主，所取形势，均用底架为多。虽不若长拳姿势，有龙蟠凤舞之精神；而勾心斗角，别具虎蹲猿跃之标格，以之锻炼身腰，灵活手脚，是为最佳。况乎本拳法，起承转合，首尾相衔，深沉不露，变化无穷，尤短打中之坚劲者也。”

明末清初，南少林一念禅师综各家短打之长，并结合禅宗理论，创“六通短打”。

一念禅师传悟性子，悟性子传扬州甘泉山西山寺之涤尘禅师，涤尘传俗家弟子金一明。金先生为近代武术大师，他著书立说，广收弟子，六通短打得以发扬光大。

单解“六通”，指通过修炼达到的佛家至高境界。拳冠“六通”，暗喻此拳宗归少林，技艺高超，境界非凡。六通短打有六大特点：以静制动，后发先至；近身靠打，寸劲暗腿；分筋错骨，跌扑发放。

# 一、切掌别腿

1. 敌我对峙。（图6–1）

图6–1

2. 敌方左垫步进身，右脚踏进我方洪门，右拳直击我方面部。我方迅疾退右步，沉身蹲成半马，左掌上抬，架敌方右前臂内侧，阻截敌方右拳攻击。（图6–2）

图6–2

图6-3

3. 我方左掌旋腕扣指，拿敌方右腕向左下拽。上右步于敌方右腿后侧，别敌右腿，右掌切出，按住敌方胸部向左旋转，跌出敌方。（图6-3）

## 二、寒雀蹲梅

1. 敌我对峙。敌方左垫步进身，右脚踹击我方胸部。我方迅疾撤退左脚一步，右膝前弓，双掌成十字手，向下阻截敌方右踝外侧，使其踹腿失效。（图6-4）

图6-4

2. 我方右掌贴着敌方右脚踝绕腕上勾，左脚上步于敌方左脚内侧，左掌推击敌面，同时勾提其右腿，将敌跌出。（图6-5、图6-6）

图6-5

图6-6

## 三、雕手进步

1. 敌我对峙。敌方左垫步进身，右脚鞭踢我方左膝外侧。我方迅疾后滑步，沉身下蹲成左丁步，左雕手勾敌右脚踝。（图6–7）

图6–7

图6–8

2. 我方左雕手绕腕兜敌右脚，同时，右脚上步于敌方洪门，右弓步，右掌按敌腹部并向左旋推，将敌跌出。（图6–8）

## 四、独手擒拿

1. 敌我对峙。我方右垫步进身，左弓步，右掌切向敌方面部。敌方右脚撤退步，左前臂格击我方右前臂外侧，阻截我右切掌攻击。（图6–9）

图6–9

图6–10

2. 我方左手抓敌方左腕，同时，右脚上步于敌方洪门，左转身，右肘压敌方左上臂后侧，全身发劲一抖，将敌跌出。（图6–10）

## 五、擒手踩腿

1. 敌我对峙。敌方右脚前移，左脚踢击我方腹部。我方迅疾退右脚一步，沉身蹲成半马，右肘下沉阻截敌方左脚掌。（图6-11）

图6-11

图6-12

2. 我方右手下划，抓敌方左脚背向右侧下方拽拉，左手助力，同时，右脚垫步，提起左膝撞击敌裆。（图6-12）

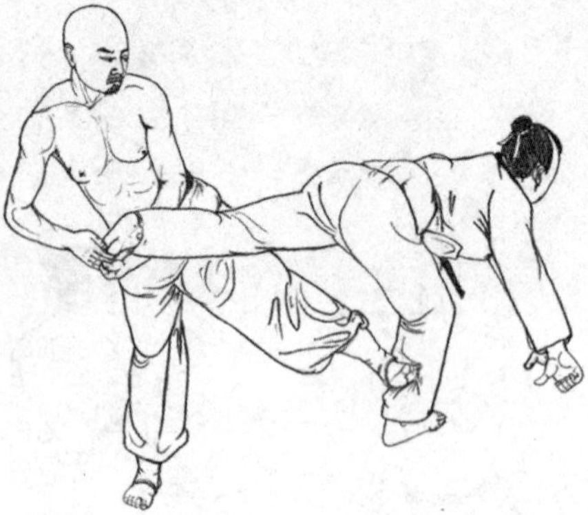

3. 接着，双手握敌左脚上提，左脚顺势下踩敌方右小腿，猛一发劲，使其跌扑。（图6–13）

图6–13

## 六、靠背手旋

1. 敌我对峙。敌方左垫步进身，右脚踏于我方左脚外侧，前弓步，右拳直击我方面部。我方右脚退步，双掌成靠背手接敌方右腕，将其攻击化解。（图6–14）

图6–14

2. 我方右掌旋腕扣指拿敌方右腕，左手握自己右腕，左肘臂压敌方右上臂，向右转身，将敌旋扑而出。（图6–15）

图6–15

## 七、马裆冲拳

1. 敌我对峙。敌方左垫步进身，右脚踏进我方洪门，前弓步，右拳直击我方面部。我方迅疾右脚退步，沉身下蹲成半马，同时，左掌格架敌方右腕内侧。（图6–16）

图6–16

2. 我方左掌旋腕扣指拿敌右腕，左脚退步，右脚上步别敌方右腿后侧，同时，上体左转，左手拽敌右腕旋拉，右拳击打敌方咽喉，致其跌出。（图6-17）

图6-17

## 八、探囊摘桃

1. 敌我对峙。敌方左垫步进身，右脚踏进我方洪门，右拳直击我方胸部。我方迅疾左闪步，偏身避过敌拳。（图6-18）

图6-18

图6-19

2. 我方动作不停，急速绕步至敌方身后。（图6-19、图6-20）

图6-20

图6-21

3. 右手从敌臂下抓住敌裆，揪住向后拖提。（图6-21）

4. 左掌前削敌方后脑，使其跌扑。（图6-22）

图6-22

## 九、马裆雕手

1. 敌我对峙。敌方左垫步进身，右脚踏向我方左脚外侧，右拳直击我方面部。我方迅疾后退右脚一步，沉身下蹲成半马，同时，右手上扬格敌右前臂外侧，左掌戳敌右肋。（图6-23）

图6-23

2. 右掌旋腕扣指拿敌右腕，猛然向右侧下方猛拽，左手抓扣敌方右肩后。（图6–24）

图6–24

图6–25

3. 随即，左肘顺势砸压敌后背，猛然发力将其向右跌出。（图6–25）

## 十、摩云跌扑

1. 敌我对峙。敌方左垫步进身，右脚踏进我方左脚外侧，右拳直击我方面部。我方迅疾退右步，沉身下蹲成半马，双掌摩敌右臂外侧，化解其拳攻击。（图6–26）

图6–26

图6–27

2. 右手扣指拿敌右腕，左前臂旋裹，向右侧牵带，使敌前扑。（图6–27）

图6-28

3. 我方双手迅速放开，左回身云手并反推敌胸，将其跌出。（图 6-28）

## 十一、开弓回肘

1. 敌我对峙。敌方左垫步进身，右脚前踏成弓步，右拳直击我方面部。我方迅疾右脚退步成左弓步，右手上扬反格敌腕外侧。（图6-29）

图6-29

2. 右掌扣指拿敌右腕并猛拽，前滑步，左掌削敌面部。（图6-30）

3. 右腿上步前弓，右手松拿，屈右肘横击敌方头部，将其打倒。（图6-31）

图6-30

图6-31

## 十二、盘根推手

1. 敌我对峙。敌方右脚滑步，左腿上步前弓，右拳直击我方面部。我方左脚后撤一步，屈膝下蹲成歇步，右掌拍击敌左膝外侧。（图6–32）

2. 顺势右手捞敌左小腿，屈臂兜夹上提，左掌推击敌小腹，使其跌倒。（图6–33）

图6–32

图6–33

# 十三、饿虎扑羊

1. 敌我对峙。我方左脚进步，下潜身，双手抓敌方双脚踝关节，欲施摔法。（图6-34）

图6-34

图6-35

2. 敌方俯身双手按我方后背，使我方无法得手。（图6-35）

3. 我方迅疾上进右脚一步，成右弓步，双掌猛地向敌方腹部推击，抖劲发力将其推跌而出。（图6-36）

图6-36

## 十四、弓步撅柴

1. 敌我对峙。敌方右脚前移步，左腿上步前弓，右膝下跪，右拳击打我方裆部。我方右脚退步，沉身下蹲成半马，右手成爪下抓敌右前臂按推，化解敌拳攻击。（图6-37）

图6-37

2. 右手沿其右臂下滑，拿其右腕关节，左手前伸扣敌右腋极泉穴，致使敌右半身麻木无力。（图6-38）

3. 松开双手，右脚踩击敌裆，使其跌出。（图6-39）

图6-38

图6-39

## 十五、拂袖推山

1. 敌我对峙。敌方右腿进步前弓，右拳直击我方面部。我方左脚撤退一步之际，双手抓敌右前臂顺势下拽，使敌前扑。（图6-40）

图6-40

图6-41

2. 我方立即右弓步，双掌向前反挥敌方面部，致敌跌出。（图6-41）

# 十六、二郎担衫

1. 敌我对峙。敌方左垫步进身，右脚踢击我方腹部。我方迅疾提起左膝，阻截敌方右脚踝内侧，左掌下压助力，化解敌腿踢击。（图6-42）

图6-42

图6-43

2. 我方左脚向前落步，沉身下蹲成左虚步，左手下伸格敌方右小腿。（图6-43）

图6-44

3. 我方左手转腕兜敌右小腿上提，左弓步，右掌推击敌方面部，使其跌出。（图6-44）

## 十七、偷步弓掌

1. 敌我对峙。我方左脚前移步，右脚插步进身，同时，左掌向下反拍敌方裆部。敌方后退左步，左臂屈肘格阻于我方左肘外侧，使我方反拍掌失效。（图6-45）

图6-45

2. 我方迅疾右转身，双掌顺势扫击敌方面部。（图6–46）

图6–46

3. 当我方左掌扫至敌方头颈右侧时，右手抓敌左腕往右后拽，右脚退步并右转身，左掌按敌头颈部向右下方扒甩，使敌旋跌而出。（图6–47）

图6–47

## 十八、雀地龙翻

1. 敌我对峙。敌方右腿向我踢来。我方闪身，同时，以前臂兜敌小腿，或以手抓擒敌脚。（图6-48）

图6-48

2. 转身左弓步，将敌小腿向左外侧一掀，两掌顺势推拦，致其跌翻。（图6-49）

图6-49

# 第七章

# 韦陀沾衣十八跌

韦陀，佛教护法正神。拳以韦陀立派，目的是练武强身，匡扶正义。据传，韦陀门武功创立者，乃北魏少林之慧光大师。

韦陀门历史悠久，影响深远，为少林古传四大名门（达摩、韦陀、金刚、罗汉）之一。此派不但讲究功夫，其“韦陀十二劲”一直被誉为“内功真经”，勇冠武林，而且注重技击，其招法严谨，力猛招狠，擒跌踢打，一招制敌。

编者今搜集此门沾衣擒跌相关资料，整理出本章招法，谨供读者参考。

# 一、拆跌

拆跌法，根据敌方攻击法不同，而采取对应的策略化解其攻势，然后将敌反跌。

1. 敌方左跨步进身，左拳击打我方面部。我方略向后滑步，左拳上抬，用左前臂格架敌方左前臂，拆解敌拳攻击。（图7–1）

图7–1

2. 接着，我方左手旋腕扣指，抓住敌方左腕，向左后侧旋拽，同时，右臂屈肘向前格击敌方左腋后侧。（图7–2）

图7–2

3. 动作不停，我方左脚向后撤退一步，同时，左转身，双手用力向左牵带敌方，将其旋摔跌出。（图7-3）

图7-3

## 二、缠跌

缠跌，用手或腿缠绕住敌方肢体沿螺旋路线运动，以达到控制或损伤敌方肢体和关节的目的。其特点是顺势借力，缠绕牵绊，借力打力。

1. 敌方左脚跨步进身，右拳击打我方面部。我方后滑步，右拳上抬，格架敌方右前臂下侧，化解敌拳攻击。（图7-4）

图7-4

2. 接着，我方右拳伸指，旋腕扣指抓住敌方右腕，同时，左手上起，托抓敌方右肘关节。（图7–5）

图7–5

图7–6

3. 动作不停，我方右手向外下方使劲翻拧，同时，左手紧紧按住敌方右肘关节下压，迫使敌方屈身下蹲。（图7–6）

4. 随之，我方右旋身，使敌向右下方跌扑。（图7–7）

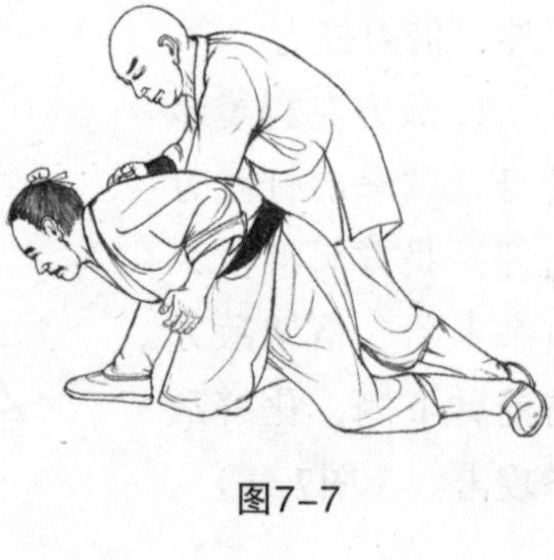

图7–7

## 三、卸跌

卸跌，是用掌、指、拳攒打骨缝与骨骼衔接之处，使骨骼关节受攒打之震动力而斜歪脱臼，失其效用，再趁势拿跌。

### （一）卸手跌

1. 敌方左跨步进身，左拳击打我方面部。我略向后滑步避过敌拳锋芒之际，起左手，从外向内用掌棱勾腕扣住敌左肘内侧。（图7-8）

图7-8

图7-9

2. 接着，我方起右手，抓住敌方左拳。（图7-9）

3. 动作不停，左手紧紧扣住敌方肘关节，右手用力向前反折其左臂。（图7-10）

图7-10

4. 随即，我方两手交错用力，使敌方左臂反折，右手猛发劲前推，使敌跌翻而出。（图7-11）

图7-11

## （二）卸腿跌

1. 敌方左垫步进身，右蹬腿踢击我胸部。我方左脚向后撤一大步避过敌腿锋芒之际，右手由下向上托接敌方右脚踝。（图7-12）

图7-12

2. 接着，我方左脚向前上步，身体随之右转，同时，左手捞抱住敌方右小腿，两手合力抱敌腿于胸前。随即，身体向右下方倾斜，左肩抵住敌方右膝内侧，双手用力向后反拧，卸去敌方腿部攻击力。（图7-13）

图7-13

图7-14

3. 动作不停，我方猛然发力向前推送敌右腿，致其向前跌出。（图7-14）

## 四、卡跌

卡跌，在攻击过程中乘其不备，利用对方破绽，用双手抓挤敌方要害部位并用力卡紧，使其窒息或受钳制失去攻击力而跌扑。

1. 敌方左脚跨步进身，双拳向我方头部掼击。我方略后滑步，双掌向前上挑外分，用两前臂外侧格挡敌方两前臂内侧，阻截敌拳击打。（图7-15）

图7-15

图7–16

2. 接着，两臂外翻，外旋腕用掌根将敌双臂向外下方按落。（图7–16）

3. 动作不停，我方双手迅速上抬，用力掐捏住敌方咽喉，并不断地推搡，使敌有窒息感。（图7–17）

图7–17

4. 随即，我方卡住敌方咽喉猛然向左后侧转身，使敌向后摔跌而出。（图7-18）

图7-18

## 五、撇跌

撇跌，用力向内或向外强力扭转，使敌方关节肢体过度扭曲，轻者可以使其迅速失去反击能力，重者能使敌方筋断骨折。

1. 敌方滑步进身，右拳击打我方面部。我方迅疾将左脚向后撤退一步，上抬右掌，用掌棱格阻敌右前臂外侧，化解敌拳攻击。（图7-19）

图7-19

2. 接着，我方右掌外旋腕，抓住敌方右腕，右脚向后撤退一步，右手拽住敌右腕向右后侧方猛拉，使敌上体前扑。（图7-20）

图7-20

3. 动作不停，我方左掌按住敌方右肘关节外侧向右侧下方旋按，右手牵带旋转，使敌右臂关节反扭至极限，进而向右侧后方撇跌而出。（图7-21）

图7-21

## 六、摔跌

摔跌，破坏敌方桩势，并将其摔倒在地。

1. 敌方右脚前移步，左脚向我方胸部蹬来。我方迅疾收左步，身体略向右闪避，左手旋转从外向内上捞接住敌方左脚踝。（图7–22）

图7–22

图7–23

2. 接着，我方略右转体，左手抓住敌左脚跟向右侧拉拽之际，左脚上前一步于敌方右脚内侧，右手迅疾抓住敌方左小腿，左手松开向左侧伸出，拦于敌方右肋侧。（图7–23）

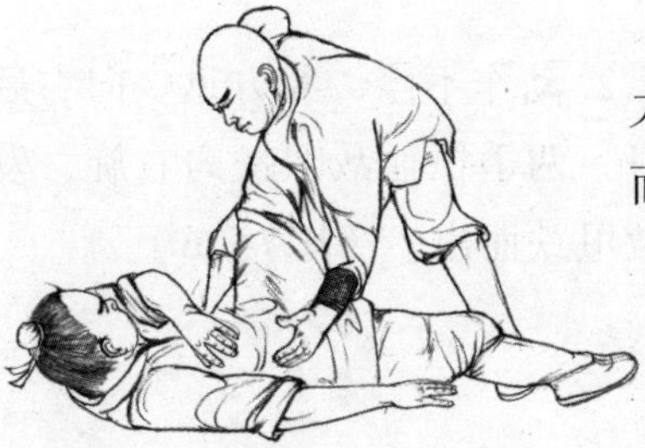

3. 动作不停，我方两手合力向右旋转，使敌向右侧摔跌而出。（图7-24）

图7-24

## 七、抢跌

抢跌，趁敌不备，抓住其破绽，先攻击其咽喉、耳目等脆弱部位，使其丧失攻击能力，进而将其跌扑。

1. 敌方左脚上步，欲出手攻击我方。我方抢先上步，双手前伸锁掐敌方咽喉。（图7-25）

图7-25

2. 动作不停，我方迅疾向右后侧转身，两手抓住敌咽喉向右旋，发力将敌甩跌而出。（图7-26）

图7-26

## 八、踢跌

踢跌，利用双腿使敌方受挫或受伤的跌法。

1. 敌方左垫步进身，右腿踹击我方腹部。我方迅疾将右脚向右前方闪跨步，乘势提起左腿踹击敌方腹部。（图7-27）

图7-27

2. 动作不停，我方左脚收落步，上体左旋，同时，右脚向前、向左勾踢敌方左脚跟，将敌踢跌于地。（图7-28）

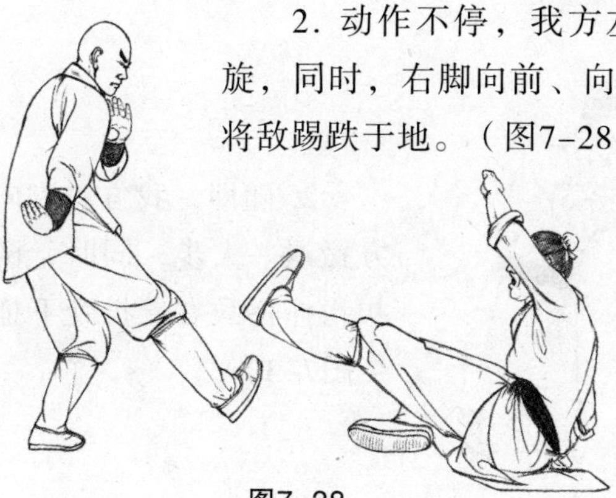

图7-28

## 九、拖跌

拖跌，即用双手接住敌攻击手臂猛然下拖，发旋抖劲，将敌跌出。

1. 敌方右进步，右拳击打我方面部。我方迅疾撤退左脚一步，同时，上起两手交叉接住敌方右腕、臂。（图7-29）

图7-29

图7-30

2. 随即，我方右脚向后方撤退一大步，同时，两手扣指抓住敌右臂抖劲下拖。（图7-30）

图7-31

3. 动作不停，我方双手随即向右后侧方旋抖甩出，使敌方向右后侧方跌扑而出。（图7-31）

# 十、捆跌

捆跌，即用脚勾踢敌脚后跟或膝弯，使敌失去平衡而跌倒。

1. 敌方上步进身，右拳击打我方面部。我方迅疾撤退左脚一步，沉身之际，右手上起向左旋裹，格阻敌方右前臂内侧，化解敌拳攻击。（图7–32）

图7–32

2. 动作不停，我方上体右旋，同时，左脚擦地向前捆（扫踢）敌右脚后跟，使敌跌倒。（图7–33）

图7–33

## 十一、捞跌

捞跌，就是捞起敌方一腿，向上掀推，使敌仰身翻跌而出。

1. 敌方右进步，右拳击打我方面部。我方迅疾撤退左脚一步，沉身下潜，同时，右手下伸，穿于敌方右踝关节外侧。（图7-34）

图7-34

图7-35

2. 随即，旋转右手捞抱敌方右小腿，向前上起身，将敌右腿兜挟于右肘弯抬起。（图7-35）

3. 动作不停，我方两手合力，向前上掀推敌方右腿，使敌仰身翻跌而出。（图7–36）

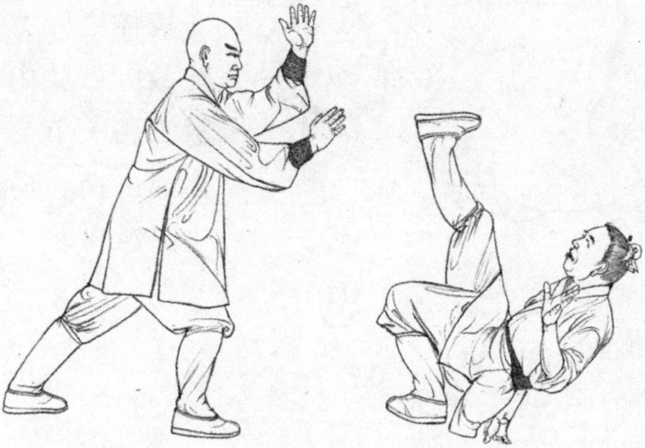

图7–36

## 十二、跪跌

跪跌，即近身之际，以膝盖旋跪敌方膝盖内侧或外侧，使其突然受力而跌倒。

1. 敌方右进步，右拳击打我方面部。我方左脚向后撤退一步之际，两手上起推阻敌方右前臂外侧，随之上右脚落于敌方右脚内侧，右膝内侧贴住敌方右膝内侧。（图7–37）

图7–37

2. 动作不停，我方右旋体之际，右膝内旋跪敌方右膝内侧，致使敌方膝关节突受撞击而疼痛失衡，向后跌倒。（图7-38）

图7-38

## 十三、锁跌

锁跌，一手牵住敌攻击手，另一手锁拿住敌方咽喉，旋转发劲将敌擒跌于地。

1. 敌方右进步，右拳击打我方面部。我方迅疾将左脚向后撤退一步，左手上提，右前臂外侧格挡敌右前臂内侧。（图7-39）

图7-39

2. 随即，我方左掌旋腕扣指抓住敌方右腕，左脚收步于右脚跟内侧成丁步，同时，右手前伸，锁拿敌方咽喉。（图7–40）

图7–40

3. 动作不停，我方左脚经右脚后侧向右弧形退步，同时，左转体180°，右手锁住敌咽喉将其向左旋跌于地。（图7–41）

图7–41

## 十四、牵跌

牵跌，接住敌方攻击手，顺势向后旋拉牵带，使敌扑跌而出。

1. 敌方左脚上步进身，右拳击打我方面部。我方迅疾后滑步，沉身之际，上起右手，用掌背格挡敌右前臂外侧。（图7-42）

图7-42

图7-43

2. 随即，我方右掌旋腕扣指，抓住敌方右腕，向右后侧拽拉，同时，左脚内划半步，左掌推按住敌肘右旋助力。（图7-43）

3. 动作不停，右手拽住敌右腕向右后猛牵，左手向右猛推，旋腰转髋发力，将敌右牵跌出。（图7-44）

图7-44

## 十五、扫跌

扫跌，用腿扫敌支撑腿，使之失衡而跌倒。

1. 敌方左脚过步进身，右拳击打我方面部。我方迅疾后滑步，上起左手格挡敌方右前臂内侧。（图7-45）

图7-45

2. 随即，我方右脚擦地划弧扫踢敌方左脚后跟。敌方见势，向后跳步避过。（图7–46）

图7–46

3. 动作不停，我方迅疾落右步，左转体，上体向左下伏，同时，伸左腿擦地向后划弧扫击敌方左脚后跟，将敌扫跌倒地。（图7–47）

图7–47

## 十六、靠跌

靠跌，与敌贴身之际，用肩贴靠敌上体，发力震击，使敌跌倒而出。

1. 敌方滑步进身，右拳击打我方面部。我方迅疾将左脚向后撤退一步，沉身之际，上起右手，用掌背格挡敌方右前臂外侧。（图7-48）

图7-48

图7-49

2. 随即，我方右掌背贴住敌右臂外侧前推，同时，左脚上步，落于敌方右腿外后侧，左肩膀贴近敌方右胸，沉身蓄势。（图7-49）

图7-50

3. 右腿蹬地前送，左肩抖劲发力撞击敌方右胸，将敌靠跌而出。（图7-50）

## 十七、坐跌

坐跌，臀锋技法之一，即于敌贴身之际，用臀部坐敌腿，使敌受压而跌倒。

1. 敌方滑步进身，右拳击打我方面部。我方迅疾将左脚向后撤退一步，同时，右手上起，用掌背格挡敌方右前臂外侧。（图7-51）

图7-51

2. 随即，我方右脚前移步，左转体之际，左脚退步于敌方裆前，同时，右手旋劲将敌右臂上架于头顶，左臂随转身反拦于敌方胸前，裆部骑于敌方右大腿上方。（图7-52）

图7-52

3. 动作不停，我方沉身下坐敌方右大腿根部，将敌坐跌倒地。（图7-53）

图7-53

## 十八、裹跌

裹跌，即用前臂向内裹敌臂外侧，使敌方臂部反折，疼痛失衡而向前扑跌。

1. 敌方滑步进身，右拳击打我方面部。我方迅疾将左脚向后撤退一步，右手上起，用掌背格挡敌方右前臂外侧。（图7–54）

图7–54

2. 随即，我方右掌贴住敌臂旋指回扣，抓住敌方右腕并向右下拽拉，同时，左脚上步于敌方右脚内侧，右旋体，左臂屈肘竖起，裹击敌右上臂外侧。（图7–55）

图7–55

3. 动作不停，我方上体猛然向右旋转，右手拽住敌腕向右下后方用力，左前臂贴住敌右上臂向右裹劲发力，致敌向右跌扑而出。（图7–56）

图7–56